만화로 배우는
패턴 영어

후루룩외국어 x 시대에듀

만화로 배우는
패턴 영어

후루룩외국어 x 시대에듀

 **머리말**

영어로 말하기, 패턴이면 됩니다.

만화로 자신감을 채워드릴게요.

> " 영어를 오래 공부했는데, 왜 말이 안 나올까? "

아마 이 질문은 많은 분들의 가슴 속을 무겁게 하는 고민일 것입니다. 단어를 외우고, 문법 문제를 풀고, 시험 점수는 오르는데도 정작 입을 열려 하면 말이 막히는 경험. 저 역시 수없이 듣고 또 공감해 온 이야기입니다. 그 이유는 간단합니다. 영어 문장을 만들 수 있는 뼈대, 즉 '패턴'이 몸에 익지 않았기 때문입니다.

패턴은 영어의 최소 단위이자 말하기의 출발점입니다. "I'm ~", "Let's ~", "It's too ~ to" 같은 기본 틀 안에 단어만 바꿔 끼우면, 수십 가지 표현으로 확장됩니다. 원어민이 자연스럽게 영어를 구사하는 비밀도 바로 이 패턴 활용 능력에 있습니다. 그런데 우리는 그동안 단어와 문법만 따로따로 배우느라, 정작 말하기의 골조를 놓치고 있었던 겁니다.

『만화로 배우는 패턴 영어』는 이 문제를 해결하기 위해 기획된 책입니다. 이 책은 패턴을 단순히 외우게 하지 않습니다. 대신 만화 속 생생한 장면과 대화를 통해, 패턴이 실제로 어떤 상황에서 쓰이는지를 보여줍니다. 여러분은 만화를 보며 자연스럽게 의미를 이해하고, 이어지는 예문과 설명을 통해 자신만의 문장으로 확장해 갈 수 있습니다.

 **잉토TV** 놀러 가기!

여기에 그치지 않고, 직접 빈칸을 채우고 문장을 써보며 패턴을 반복적으로 연습할 수 있도록 구성했습니다. 단순히 '눈으로만 아는 영어'가 아니라 '입으로 말할 수 있는 영어'가 되도록 돕는 것이 이 책의 가장 큰 목표입니다.

여러분, 영어는 특별한 재능이 있어야만 잘할 수 있는 언어가 아닙니다. 단지 매일 조금씩, 제대로 된 방법으로 연습한다면 누구나 자신 있게 말할 수 있습니다. 패턴 영어는 바로 그 가장 확실한 방법이자, 가장 빠른 지름길입니다.

이 책을 하루에 한 장씩, 혹은 출퇴근길에 잠깐씩만 보셔도 괜찮습니다. 중요한 것은 꾸준히 패턴을 만나고 입 밖으로 꺼내는 습관을 만드는 것입니다. 그렇게 책장을 한 장 한 장 넘기다 보면, 어느 순간 여러분의 입에서 영어 문장이 저절로 흘러나오는 경험을 하실 겁니다.

44만 명 이상이 함께하고 있는 잉튼TV는 늘 여러분의 영어 여정을 응원하고 있습니다. 『만화로 배우는 패턴 영어』가 여러분에게 단순한 교재를 넘어, 영어 말하기 자신감을 회복시켜 주는 든든한 동반자가 되기를 진심으로 바랍니다.

여러분이 영어로 더 자유롭게, 더 당당하게 세상과 소통할 수 있기를 기대합니다.

잉튼TV 김도균 드림

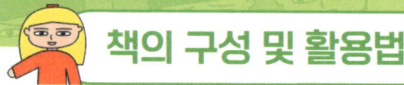

책의 구성 및 활용법

워밍업

❶ 패턴 체크 & 준비운동

각 장에는 말하기 패턴이 10개씩 수록되어 있습니다. 이번 장에서 어떤 패턴을 다루게 되는지 미리 확인하고, 의미를 유추해 봅니다.

❷ Can Do!

이번 장을 모두 마치고 나면 무엇을 달성할 수 있는지 미리 체크할 수 있습니다. 학습 계획을 세우는 데 활용해 보세요.

❸ 원어민 음성 전체 듣기

이번 챕터에서 다루는 모든 패턴 표현을 원어민의 리얼한 발음으로 들어볼 수 있도록 MP3 파일을 QR로 제공합니다. MP3 파일은 시대에듀 홈페이지도 다운로드 가능합니다.

> **MP3 다운로드 방법**
> ▶ www.sdedu.co.kr로 접속
> ▶ 홈페이지 상단 〈학습자료실〉에서 'MP3' 항목 클릭
> ▶ 검색창에 '만화로 배우는 패턴 영어' 검색하여 MP3 다운로드

패턴 학습 & 액티비티

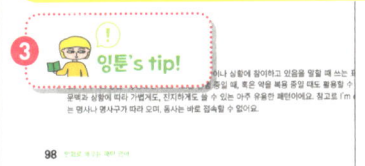

❶ 패턴 번호 확인

먼저 오늘 학습할 말하기 패턴 표현의 번호를 확인합니다. 01~50번까지 총 50개의 패턴이 수록되어 있습니다.

❷ 만화 & 패턴 문장 확인

패턴 표현의 뉘앙스와 쓰임을 쉽고 재밌게 이해할 수 있도록 생생한 잉툰TV의 만화를 실었습니다. 만화 속 상황을 보며 이미지 트레이닝을 즐겨 보세요.

❸ 잉툰's tip!

패턴 표현의 원리, 배경지식, 꿀팁 등을 읽어 보세요.

❹ 잉툰 패턴 영상

다양한 캐릭터가 등장하는 잉툰 패턴 영상을 보며 원어민들의 패턴 문장과 친해져 보세요. 영상은 QR로 확인할 수 있습니다.

❺ Let's Write!

영상 속에 등장했던 다양한 문장들을 우리말 힌트를 보며 직접 써 보세요.

책의 구성 및 활용법

액티비티

❶ Let's Speak!

앞에서 학습한 패턴 문장들을 가지고 3번씩 말하는 연습을 해 보세요. 어휘 하단에는 우리말 뜻이 표기되어 있습니다.

❷ 원어민 발음 듣기

패턴 문장들을 원어민의 생생한 발음으로 들으며 실전 감각을 익혀 봅니다.

❸ Let's Practice!

2가지 종류의 연습문제에 도전해 보며 패턴 표현을 내 것으로 만들어 보세요. 정답은 맨 하단에 수록되어 있습니다. 문제를 모두 클리어했다면 우측 상단 체크박스에 표시해 주세요.

부록

❶ 패턴 영어 총정리
말하기 패턴 표현 50개와 문장에 활용된 어휘들을 색인 형태로 모두 모아 놓았습니다. 복습에 활용해 보세요.

❷ 리마인드 체크
패턴 표현과 어휘들을 다시 한번 살펴 보면서 기억나는 것은 박스에 표시하고, 기억나지 않는 것들은 해당 페이지에 돌아가서 복습해 보세요.

목차

CHAPTER 01
오늘의 말하기 패턴 01 ~ 10 ……… 012

CHAPTER 02
오늘의 말하기 패턴 11 ~ 20 ……… 054

CHAPTER 03
오늘의 말하기 패턴 21 ~ 30 ……… 096

CHAPTER 04
오늘의 말하기 패턴 31 ~ 40 ……… 138

CHAPTER 05
오늘의 말하기 패턴 41 ~ 50 ……… 180

SPECIAL
만화로 배우는 패턴 영어 총정리 ……… 222

학습체크표

학습체크표를 활용하여 학습 여부를 체크 ✔ 해 보세요.

CH.01	오늘의 말하기 패턴 01 ~ 10	1회 ☐ ｜ 2회 ☐ ｜ 3회 ☐
REVIEW 01	오늘의 말하기 패턴 01 ~ 10	Master ☐
CH.02	오늘의 말하기 패턴 11 ~ 20	1회 ☐ ｜ 2회 ☐ ｜ 3회 ☐
REVIEW 02	오늘의 말하기 패턴 11 ~ 20	Master ☐
CH.03	오늘의 말하기 패턴 21 ~ 30	1회 ☐ ｜ 2회 ☐ ｜ 3회 ☐
REVIEW 03	오늘의 말하기 패턴 21 ~ 30	Master ☐
CH.04	오늘의 말하기 패턴 31 ~ 40	1회 ☐ ｜ 2회 ☐ ｜ 3회 ☐
REVIEW 04	오늘의 말하기 패턴 31 ~ 40	Master ☐
CH.05	오늘의 말하기 패턴 41 ~ 50	1회 ☐ ｜ 2회 ☐ ｜ 3회 ☐
REVIEW 05	오늘의 말하기 패턴 41 ~ 50	Master ☐

만화로 배우는 패턴 영어

PATTERN 01 - 10

- **01** Be about to
- **02** I can't possibly
- **03** I might just
- **04** Feel free to
- **05** You deserve
- **06** You have a good sense of
- **07** I was told to
- **08** It takes time to
- **09** It's not that
- **10** It looks like

Can Do!
일상 속 다양한 상황을 판단하고, 상대방에게 자연스럽게 의사를 전달하는 패턴들이에요. 자신의 생각과 태도를 명확하게 말하는 연습을 할 수 있어요.

Learning English Patterns Through Comics

회 잉툰 영어 말하기 대회

PATTERN 01 - 10
🔊 전체 듣기

PATTERN 01 오늘의 말하기 패턴

Be about to
막 ~하려던 참이야

1. Be about to 패턴

잉툰's tip!

Be about to는 "막 ~하려던 참이야"라고 말할 때 쓰는 표현이에요. 밥 먹으려고 숟가락 딱 들었을 때, 혹은 집에서 나가려고 신발 끈 묶는 그런 순간 있죠? 바로 그 찰나에 쓰는 게 be about to랍니다. 여러분은 지금 막 무엇을 하려던 참인가요? I'm about to~를 활용해서 한번 말해 보세요.

Let's Write!
영상을 시청하고, 문장을 완성해 보세요.

I am about to _____.
나는 막 점심 먹으려던 참이야.

I am about to _____.
나는 막 자려던 참이야.

He is about to _____.
그는 게임하려던 참이야.

He is about to _____.
그는 떠나려던 참이야.

She is about to _____.
그녀는 쇼핑 가려던 참이야.

We are about to _____.
우리는 영화 보려던 참이야.

We are about to _____.
우리는 학교 가려던 참이야.

Let's Speak!
네이티브처럼 반복해서 말해 보세요.

 I am about to **have lunch**.
점심을 먹다

 I am about to **sleep**.
자다

 He is about to **play the game**.
게임하다

 He is about to **leave**.
떠나다

 She is about to **go shopping**.
쇼핑 가다

 We are about to **watch a movie**.
영화를 보다

 We are about to **go to school**.
학교에 가다

Let's Practice!
다음 문장을 작문해 보세요.

우리는 학교 가려던 참이야.

_____

 Let's Practice!
다음 질문에 맞는 정답을 고르세요.

Q. 밥 먹으려고 숟가락을 막 들었을 때!
무슨 말이 가장 자연스러울까요?

Ⓐ It takes time to have lunch.

Ⓑ I am about to have lunch.

Ⓒ I'm too tired to have lunch.

정답 We are about to go to school. | Ⓑ

PATTERN 02 오늘의 말하기 패턴

만화로 배우는 패턴 영어

I can't possibly
도저히 ~못 할 것 같아

I can't possibly get this done.
(이거 도저히 다 못 끝낼 것 같아.)

2. I can't possibly 패턴

잉툰's tip!

I can't possibly는 "도저히 ~못 할 것 같아"라는 강한 느낌을 전할 때 쓰는 표현이에요. I can't(~할 수 없다)보다 훨씬 더 절박하거나 강조된 뉘앙스를 담고 있죠. 예를 들어 "I can't possibly eat another bite." 하면 "한 입도 더는 못 먹겠어."라는 뜻이에요. 상황에 따라 공손하게 거절해야 할 때도 사용할 수 있는 패턴이랍니다.

Let's Write!
영상을 시청하고, 문장을 완성해 보세요.

I can't possibly _____.
이거 도저히 다 못 끝낼 것 같아.

I can't possibly _____.
그 기한을 도저히 못 지킬 것 같아.

I can't possibly _____.
도저히 이걸 다 못 읽을 것 같아.

I can't possibly _____.
도저히 이걸 오늘 못 끝낼 것 같아.

I can't possibly _____.
이런 몰골을 보일 수는 없어.

I can't possibly _____.
나는 아무래도 하루도 휴가를 낼 수가 없어.

I can't possibly _____.
도저히 그렇게 늦게까지 못 깨어 있을 것 같아.

Let's Speak!
네이티브처럼 반복해서 말해 보세요.

 **I can't possibly get this done.**
이걸 끝내다

 **I can't possibly meet that deadline.**
기한을 맞추다

 **I can't possibly read all of this.**
이것을 다 읽다

 **I can't possibly finish this today.**
이걸 오늘 끝내다

 **I can't possibly be seen like this.**
이런 모습으로 보이다

 **I can't possibly take a day off from work.**
하루 휴가를 내다

 **I can't possibly stay up that late.**
늦게까지 깨어 있다

 **Let's Practice!**
다음 문장을 작문해 보세요.

이런 몰골을 보일 수는 없어.

 _____

 Let's Practice!
다음 질문에 맞는 정답을 고르세요.

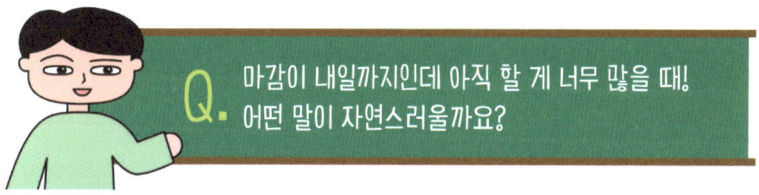

ⓐ I can't possibly meet that deadline.

ⓑ It's important to meet that deadline.

ⓒ I'm ready to meet that deadline.

정답 I can't possibly be seen like this. | ⓐ

PATTERN 03   만화로 배우는 패턴 영어

오늘의 말하기 패턴

I might just
그냥 ~할까 봐

3. I might just 패턴

잉툰's tip!

I might just는 "그냥 ~할까 봐"라는 가볍고 즉흥적인 느낌을 줄 때 쓰는 표현이에요. 큰 결심이 아니라, 순간적으로 떠오른 생각이나 충동을 말할 때 자연스럽게 어울리죠. 예를 들어 "I might just take a nap." 하면 우리말로 "그냥 낮잠이나 잘까 봐."라는 의미가 돼요. 가볍게 고민을 이야기할 때 활용하면 대화가 훨씬 자연스러워져요.

Let's Write!
영상을 시청하고, 문장을 완성해 보세요.

I might just _____.
그냥 지금 전화할까 봐.

I might just _____.
그냥 그렇게 할까 봐.

I might just _____.
그냥 집에 있을까 봐.

I might just _____.
그냥 집에 갈까 봐.

I might just _____.
그냥 물어볼까 봐.

I might just _____.
그냥 낮잠 좀 잘까 봐.

I might just _____.
그냥 걔한테 얘기할까 봐.

Let's Speak!
네이티브처럼 반복해서 말해 보세요.

 I might just **make the call**.
전화하다

 I might just **do that**.
그렇게 하다

 I might just **stay at home**.
집에 있다

 I might just **go home**.
집에 가다

 I might just **ask**.
물어보다

 I might just **take a nap**.
낮잠 자다

 I might just **tell him**.
그에게 말하다

Let's Practice!
다음 문장을 작문해 보세요.

그냥 낮잠 좀 잘까 봐.

Let's Practice!
다음 질문에 맞는 정답을 고르세요.

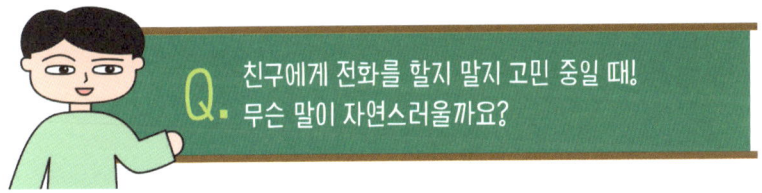

Ⓐ It was too late to make the call now.

Ⓑ I'm getting make the call now.

Ⓒ I might just make the call now.

정답 I might just take a nap. | Ⓒ

PATTERN 만로 배우는 패턴 영어

04 오늘의 말하기 패턴

Feel free to
편하게 ~하세요

4. Feel free to 패턴

 잉툰's tip!

Feel free to는 "편하게 ~하세요"라는 뜻이에요. 상대가 눈치 보거나 망설이는 상황에서 부담 없이 하라고 권할 때 딱 맞는 표현이랍니다. 예를 들어 "Feel free to call me anytime."이라고 하면 "언제든 편하게 연락하세요."라는 의미예요. 여러분은 친구에게 무엇을 권하고 싶나요? 친구와의 대화에서 Feel free to~를 활용해 보세요.

Let's Write!
영상을 시청하고, 문장을 완성해 보세요.

Feel free to _____.
뭐든 편하게 질문하세요.

Feel free to _____.
부담 없이 편하게 오세요.

Feel free to _____.
편하실 때 부담 없이 연락해 주세요.

Feel free to _____.
편하게 시설을 이용하세요.

Feel free to _____.
편하게 물이나 커피나 차를 마시면 됩니다.

Feel free to _____.
언제든지 연락해 주세요.

Feel free to _____.
편한 곳에 앉으세요.

Let's Speak!
네이티브처럼 반복해서 말해 보세요.

Feel free to **ask me any questions**.
뭐든 나에게 질문하다

Feel free to **join us**.
우리와 함께하다

Feel free to **contact us at your convenience**.
네가 상황이 될 때 우리에게 연락하다

Feel free to **use the facilities**.
시설을 이용하다

Feel free to **drink a cup of water, coffee, tea**.
물, 커피, 차를 마시다

Feel free to **reach out to me anytime**.
언제든지 나에게 연락하다

Feel free to **take a seat anywhere**.
어디든지 앉다

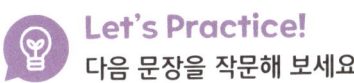 **Let's Practice!**
다음 문장을 작문해 보세요.

편하게 시설을 이용하세요.

___

 **Let's Practice!**
다음 질문에 맞는 정답을 고르세요.

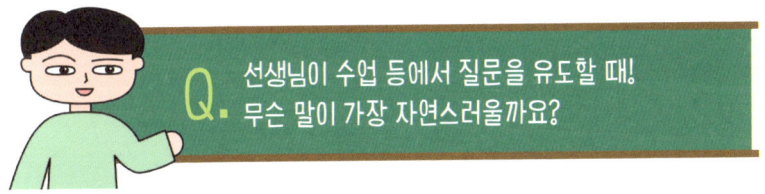

Q. 선생님이 수업 등에서 질문을 유도할 때! 무슨 말이 가장 자연스러울까요?

ⓐ Feel free to ask me any questions.

ⓑ It's hard to ask me any questions.

ⓒ I was told to ask me any questions.

정답 Feel free to use the facilities. | ⓐ

PATTERN 만화로 배우는 패턴 영어

05 오늘의 말하기 패턴

You deserve
넌 ~할 자격이 있어

5. You deserve 패턴

잉툰's tip!

You deserve는 "넌 ~할 자격이 있어"라는 뜻이에요. 칭찬은 물론, 핀잔이 담긴 말에도 두루 쓸 수 있는 표현이랍니다. 예를 들어 "You deserve a rest." 하면 "넌 쉴 자격이 있어."와 같이 따뜻하게 들리지만, "You deserve that.(그건 네가 자초한 거야.)"처럼 경우에 따라 날카로운 충고를 할 때 사용하기도 해요.

Let's Write!
영상을 시청하고, 문장을 완성해 보세요.

You deserve _____.
(좋은 일) 넌 그럴 자격 있어. / (나쁜 일) 넌 그래도 싸.

You deserve _____.
넌 행복할 자격이 있어.

You deserve _____.
넌 해고당해도 싸.

You deserve _____.
넌 하루 쉴 만해.

You deserve _____.
너는 좋은 휴가를 즐길 자격이 있어.

You deserve _____.
넌 승진할 만해.

You deserve _____.
넌 기립 박수를 받을 만해.

Let's Speak!
네이티브처럼 반복해서 말해 보세요.

You deserve **it**.
그것

You deserve **to be happy**.
행복해지는 것

You deserve **to get fired**.
해고당하다

You deserve **to take a day off**.
하루 쉬다

You deserve **a nice break**.
좋은 휴식

You deserve **the promotion**.
승진

You deserve **a standing ovation**.
기립박수

Let's Practice!
다음 문장을 작문해 보세요.

넌 승진할 만해.

 _____

 Let's Practice!
다음 질문에 맞는 정답을 고르세요.

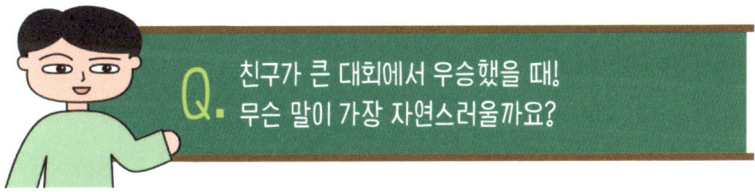

 Ⓐ I'm getting it.

 Ⓑ You deserve it.

 Ⓒ It was too late to it.

정답 You deserve the promotion. | Ⓑ

PATTERN 06 오늘의 말하기 패턴

만화로 배우는 패턴 영어

You have a good sense of
~감각이 좋네

You have a good sense of smell.
(너 후각 되게 좋다.)

6. You have a good sense of 패턴

잉툰's tip!

You have a good sense of는 "~감각이 좋네"라는 뜻으로, 누군가의 재능이나 센스를 칭찬할 때 쓰는 표현이에요. 예를 들어 "You have a good sense of humor." 하면 "유머 감각이 좋네."라는 자연스러운 칭찬이 되죠. 유머뿐만 아니라 style, direction, timing 등 여러 단어와 함께 다양하게 활용할 수 있어요. 상대방을 기분 좋게 만들고 싶을 때 이 패턴을 써 보세요.

 **Let's Write!**
영상을 시청하고, 문장을 완성해 보세요.

 You have a good sense of _____.
너 후각 되게 좋다.

 You have a good sense of _____.
방향 감각이 좋네.

 You have a good sense of _____.
패션 감각이 좋네.

 You have a good sense of _____.
판단력이 좋네.

 You have a good sense of _____.
유머 감각이 좋네.

 You have a good sense of _____.
상황 파악을 잘하는구나.

 You have a good sense of _____.
언어 감각이 좋네.

Let's Speak!
네이티브처럼 반복해서 말해 보세요.

 You have a good sense of **smell**.
냄새

 You have a good sense of **direction**.
방향

 You have a good sense of **style**.
스타일

 You have a good sense of **judgement**.
판단

 You have a good sense of **humor**.
유머

 You have a good sense of **what is happening**.
상황 파악

 You have a good sense of **language**.
언어

Let's Practice!
다음 문장을 작문해 보세요.

패션 감각이 좋네.

Let's Practice!
다음 질문에 맞는 정답을 고르세요.

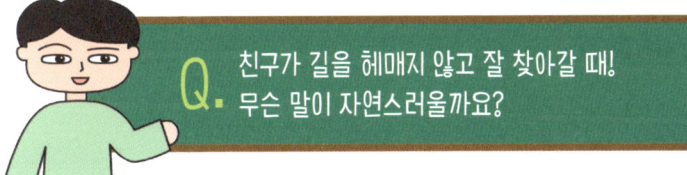

Q. 친구가 길을 헤매지 않고 잘 찾아갈 때! 무슨 말이 자연스러울까요?

Ⓐ You have a good sense of direction.

Ⓑ I'm used to sense of direction.

Ⓒ I need some sense of direction.

정답 You have a good sense of style. | Ⓐ

PATTERN 07 오늘의 말하기 패턴

만화로 배우는 패턴 영어

I was told to
~하라고 들었어

I was told to wear a blue shirt.
(파란 셔츠를 입으라고 들었어.)

7. I was told to 패턴

잉툰's tip!

I was told to는 "~하라고 들었어"라는 의미로, 누군가에게 들은 말이나 지시를 전할 때 쓰는 표현이에요. 단순한 사실 전달뿐 아니라, 상황을 설명하거나 변명할 때도 자연스럽게 어울리죠. 말투에 따라 부드럽게도, 단호하게도 들릴 수 있는 패턴이에요. 여러분도 최근에 누군가에게 들은 말을 떠올리며 I was told to~로 표현해 보세요.

Let's Write!
영상을 시청하고, 문장을 완성해 보세요.

I was told to _____.
일찍 퇴근하라고 들었어.

I was told to _____.
아침 8시까지 여기 오라고 들었어.

I was told to _____.
방 두 개를 예약하라고 들었어.

I was told to _____.
너를 도와주라고 들었어.

I was told to _____.
파란 셔츠를 입으라고 들었어.

I was told not to _____.
담배를 절대 피우지 말라고 들었어.

I was told not to _____.
아무것도 말하지 말라고 들었어.

Let's Speak!
네이티브처럼 반복해서 말해 보세요.

 I was told to **leave early**.
일찍 떠나다

 I was told to **be here at 8AM**.
아침 8시에 여기 오다

 I was told to **book two rooms**.
방 두 개를 예약하다

 I was told to **help you**.
너를 돕다

 I was told to **wear a blue shirt**.
파란 셔츠를 입다

 I was told not to **smoke at all**.
절대 담배를 피우다

 I was told not to **say**.
말하다

Let's Practice!
다음 문장을 작문해 보세요.

너를 도와주라고 들었어.

 _____

Let's Practice!
다음 질문에 맞는 정답을 고르세요.

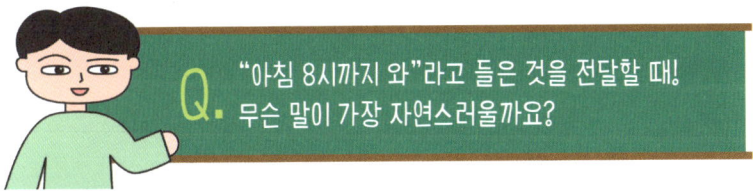

ⓐ I can't possibly be here at 8AM.

ⓑ I am about to be here at 8AM.

ⓒ I was told to be here at 8AM.

정답 I was told to help you. | ⓒ

PATTERN 08 오늘의 말하기 패턴

It takes time to
~하는 데에 시간이 걸려

8. It takes time to 패턴

잉툰's tip!

It takes time to는 "~하는 데에 시간이 걸려"라는 의미로, 어떤 일을 완성하거나 익히는 데 시간이 필요하다는 뉘앙스를 담고 있어요. 조급해하지 말고 과정이 필요하다는 점을 부드럽게 전할 때 쓰기 좋아요. 노력과 인내가 필요하다는 메시지를 자연스럽게 전달할 수 있는 표현이죠. 여러분도 스스로를 격려하며 It takes time to~로 문장을 만들어 보세요.

Let's Write!
영상을 시청하고, 문장을 완성해 보세요.

It takes time to _____.
스키 배우는 데에 시간이 좀 걸려.

It takes time to _____.
그걸 이해하는 데에는 시간이 걸려.

It takes time to _____.
팀을 구성하는 데 시간이 걸려.

It takes time to _____.
그것을 알아내는 데 시간이 걸린다.

It takes a long time to _____.
나무가 자라는 데는 많은 시간이 걸려.

It takes time to _____.
새 신에 길들려면 시간이 걸린다.

It takes time to _____.
오래된 습관을 바꾸기 위해서 시간이 필요합니다.

Let's Speak!
네이티브처럼 반복해서 말해 보세요.

It takes time to **learn how to ski**.
스키를 배우다

It takes time to **figure it out**.
그것을 이해하다

It takes time to **form a team**.
팀을 구성하다

It takes time to **find that out**.
그것을 알아내다

It takes a long time to **grow trees**.
나무가 자라다

It takes time to **get used to new shoes**.
새 신발에 길들다

It takes time to **change your old habits**.
오래된 습관을 바꾸다

Let's Practice!
다음 문장을 작문해 보세요.

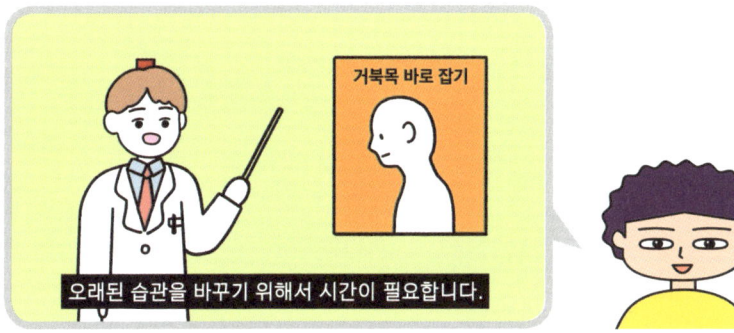

오래된 습관을 바꾸기 위해서 시간이 필요합니다.

Let's Practice!
다음 질문에 맞는 정답을 고르세요.

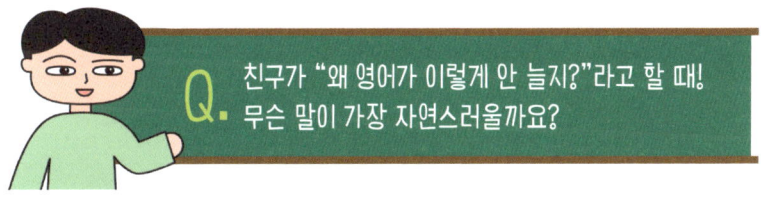

Q. 친구가 "왜 영어가 이렇게 안 늘지?"라고 할 때! 무슨 말이 가장 자연스러울까요?

Ⓐ I'm on study English.

Ⓑ You were supposed to study English.

Ⓒ It takes time to study English.

정답 It takes time to change your old habits. | Ⓒ

PATTERN 09 오늘의 말하기 패턴

It's not that
그렇게 ~하진 않아

9. It's not that 패턴

잉툰's tip!

It's not that은 "그렇게 ~하진 않아"라는 뜻이에요. 상대가 생각하는 것만큼 심각하거나 대단하지 않다는 걸 부드럽게 말할 때 쓰죠. 예를 들어 "It's not that difficult.(그렇게 어려운 건 아니야.)"나 "It's not that far from here.(여기서 그렇게 멀지 않아.)"처럼 부담을 덜어줄 때 자주 활용돼요. It's not that~ 패턴을 활용해서 생각보다 그렇지 않다는 것을 표현해 보세요.

Let's Write!
영상을 시청하고, 문장을 완성해 보세요.

It's not that _____.
그렇게 나쁘진 않았어.

It's not that _____.
그렇게 어려운 건 아니야.

It's not that _____.
그렇게 오래된 것은 아니야.

It's not that _____.
그렇게 춥진 않아.

It's not that _____.
뭐 그렇게 대단한 일도 아니야.

It's not that _____.
여기서 그렇게 멀지 않아.

It's not that _____.
그건 그다지 놀랄 만한 일은 아니야.

Let's Speak!
네이티브처럼 반복해서 말해 보세요.

 It's not that **bad**.
나쁜

 It's not that **difficult**.
어려운

 It's not that **old**.
오래된

 It's not that **cold**.
추운

 It's not that **big of a deal**.
대단한 일

 It's not that **far from here**.
여기에서 멀리

 It's not that **surprising**.
놀라운

Let's Practice!
다음 문장을 작문해 보세요.

✓Check!
☐ ☐
P1 P2

뭐 그렇게 대단한 일도 아니야.

_____

Let's Practice!
다음 질문에 맞는 정답을 고르세요.

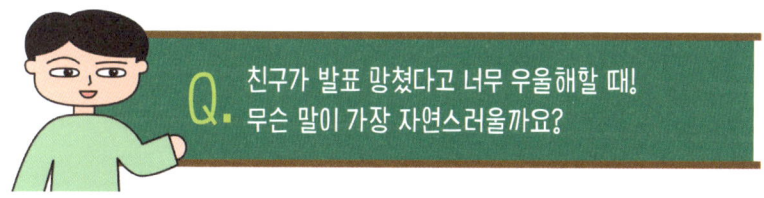

Q. 친구가 발표 망쳤다고 너무 우울해할 때!
무슨 말이 가장 자연스러울까요?

Ⓐ I'm getting not that bad.

Ⓑ It's not that bad.

Ⓒ I wish I were not that bad.

정답 It's not that big of a deal. | Ⓑ

PATTERN 10 만화로 배우는 패턴 영어

오늘의 말하기 패턴

It looks like
~처럼 보여 / ~인 것 같아

10. It looks like 패턴

잉툰's tip!

It looks like는 우리말로 하면 "~처럼 보여" 혹은 "~인 것 같아"라는 뜻이에요. "It looks like rain.(비가 올 것 같아.)"나 "It looks like traffic is bad.(교통 상황이 안 좋은 것 같아.)"처럼 일상 속에서 눈에 보이는 상황을 근거로 추측하거나 느낌을 말할 때 사용한답니다.

Let's Write!
영상을 시청하고, 문장을 완성해 보세요.

It looks like _____.
비가 올 것 같다.

It looks like _____.
그 남자는 화가 난 것 같아.

It looks like _____.
우리 비행편이 지연된 것 같아.

It looks like _____.
교통 상황이 안 좋은 것 같아.

It looks like _____.
우리 자리가 준비된 것 같아.

It looks like _____.
뭔가 오해가 있는 것 같아.

It looks like _____.
금방이라도 떨어질 것 같이 보여.

 **Let's Speak!**
네이티브처럼 반복해서 말해 보세요.

 It looks like **rain**.
비

 It looks like **he is angry**.
그는 화가 나다

 It looks like **our flight is delayed**.
우리 비행편이 지연되다

 It looks like **traffic is bad**.
교통 상황이 안 좋다

 It looks like **our table is ready**.
우리 자리가 준비되다

 It looks like **there is a little mix-up**.
거기에 작은 오해가 있다

 It looks like **it's about to fall off**.
곧 떨어질 것 같다

Let's Practice!
다음 문장을 작문해 보세요.

그 남자는 화가 난 것 같아.

_____

 Let's Practice!
다음 질문에 맞는 정답을 고르세요.

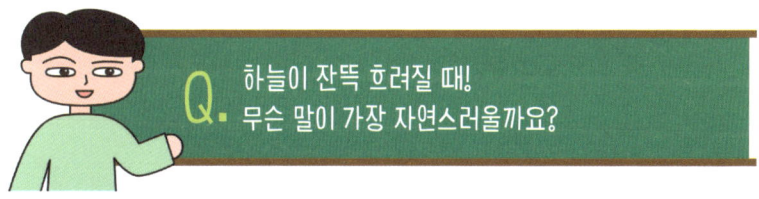

ⓐ It looks like rain.

ⓑ I might just rain.

ⓒ I've seen rain.

정답 It looks like he is angry. | ⓐ

만화로 배우는 패턴 영어

PATTERN 11 - 20

- ⑪ I'm into
- ⑫ I'm used to
- ⑬ I know how to
- ⑭ It's important to
- ⑮ I've seen
- ⑯ It was too late to
- ⑰ You'd better
- ⑱ It's hard to
- ⑲ I'm afraid
- ⑳ I'm too tired to

Can Do!
자기 취향과 습관, 그리고 능력이나 한계를
표현할 수 있는 패턴들이에요.
좋아하는 것, 익숙해진 것, 할 줄 아는 것뿐 아니라
힘들거나 늦었을 때도 솔직하게 말할 수 있어요.

Learning English Patterns Through Comics

PATTERN 11 - 20
 전체 듣기

PATTERN 11 만화로 배우는 패턴 영어

오늘의 말하기 패턴

I'm into
나 ~에 빠졌어

11. I'm into 패턴

잉툰's tip!

I'm into는 "나 ~에 빠졌어"라는 뜻으로, 최근 관심사나 좋아하는 것을 말할 때 쓰는 표현이에요. 단순히 좋아한다는 것보다 좀 더 적극적이고 열정적인 느낌이 담겨 있어요. 따라서 취미, 음악, 운동, 음식 등 어떤 주제에도 자연스럽게 연결할 수 있답니다. 여러분은 요즘 어떤 것에 푹 빠져 있나요? I'm into~로 문장을 만들어 보세요.

Let's Write!
영상을 시청하고, 문장을 완성해 보세요.

I'm into _____.
나 요즘 추리 영화에 빠졌어.

I'm into _____.
나 요즘 영어에 빠졌어.

I'm into _____.
나 요즘 커피에 빠졌어.

I'm into _____.
나 요즘 테니스에 빠졌어.

I'm into _____.
나 요즘 한국 음식에 빠졌어.

I'm into _____.
나 요즘 기타 치는 거에 빠졌어.

I'm into _____.
나 요즘 게임하는 거에 빠졌어.

Let's Speak!
네이티브처럼 반복해서 말해 보세요.

I'm into **mystery movies**.
추리 영화

I'm into **English**.
영어

I'm into **coffee**.
커피

I'm into **tennis**.
테니스

I'm into **Korean food**.
한국 음식

I'm into **playing the guitar**.
기타 치는 것

I'm into **playing games**.
게임하는 것

Let's Practice!
다음 문장을 작문해 보세요.

나 요즘 테니스에 빠졌어.

  _____

Let's Practice!
다음 질문에 맞는 정답을 고르세요.

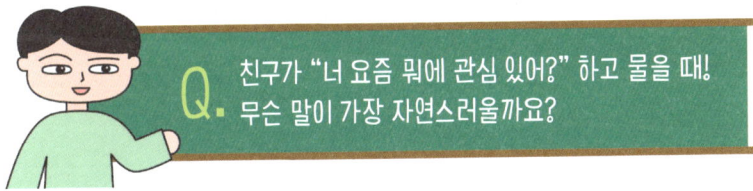

Q. 친구가 "너 요즘 뭐에 관심 있어?" 하고 물을 때, 무슨 말이 가장 자연스러울까요?

Ⓐ I'm used to English.

Ⓑ I'm into English.

Ⓒ I know how to English.

정답 I'm into tennis. | Ⓑ

PATTERN 12 오늘의 말하기 패턴

만화로 배우는 패턴 영어

I'm used to
~에 익숙해

12. I'm used to 패턴

잉툰's tip!

I'm used to는 "~에 익숙해"라는 뜻으로, 반복되거나 익숙해진 상황을 말할 때 쓰는 표현이에요. 처음엔 어색했지만 이제는 자연스럽게 받아들인다는 뉘앙스가 담겨 있죠. 장소, 습관, 상황 등 다양한 주제와 매치하여 사용할 수 있어요. 변화에 적응했다는 느낌을 전할 때도 정말 유용합니다.

Let's Write!
영상을 시청하고, 문장을 완성해 보세요.

I'm used to _____.
난 추운 거에 익숙해.

I'm used to _____.
난 소음에 익숙해.

I'm used to _____.
난 매운 음식에 익숙해.

I'm used to _____.
난 그 억양에 익숙해.

I'm used to _____.
난 영어로 말하는 것이 익숙해.

I'm used to _____.
난 여행 가는 게 익숙해.

I'm used to _____.
난 커피 마시는 거에 익숙해.

Let's Speak!
네이티브처럼 반복해서 말해 보세요.

I'm used to **the cold**.
추위

I'm used to **the noise**.
소음

I'm used to **spicy food**.
매운 음식

I'm used to **the accent**.
억양

I'm used to **speaking English**.
영어로 말하는 것

I'm used to **traveling**.
여행 가는 것

I'm used to **drinking coffee**.
커피 마시는 것

Let's Practice!
다음 문장을 작문해 보세요.

난 영어로 말하는 것이 익숙해.

Let's Practice!
다음 질문에 맞는 정답을 고르세요.

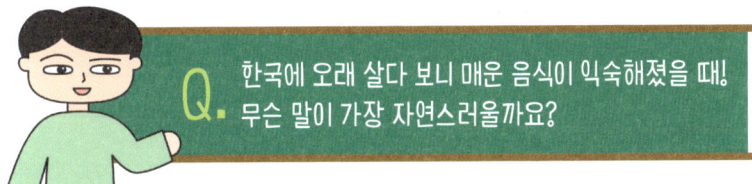

Ⓐ It tastes spicy food.

Ⓑ I need some spicy food.

Ⓒ I'm used to spicy food.

정답 I'm used to speaking English. | Ⓒ

PATTERN 13 오늘의 말하기 패턴

만화로 배우는 패턴 영어

I know how to
나 ~하는 방법을 알아

I know how to fix it.
(나 이거 어떻게 고치는지 알아.)

13. I know how to 패턴

잉툰's tip!

I know how to는 "나 ~하는 방법을 알아"라는 뜻이에요. "I know how to fix it.(나 이거 어떻게 고치는지 알아.)"처럼 상대에게 능력을 어필하거나 자신감을 표현할 때 딱 맞는 패턴이에요. 뒤에는 cook, use, play 등과 같이 동작을 나타내는 동사가 원형으로 따라온답니다. 여러분이 갖고 있는 능력이 있다면 I know how to~를 활용해서 맘껏 표현해 보세요.

Let's Write!
영상을 시청하고, 문장을 완성해 보세요.

I know how to _____.
나 이거 어떻게 고치는지 알아.

I know how to _____.
나는 어떻게 이걸 사용하는지 알아.

I know how to _____.
나 그곳에 가는 법을 알아.

I know how to _____.
나 운전하는 방법을 알아.

I know how to _____.
나 골프 어떻게 치는지 알아.

I know how to _____.
나 피아노 어떻게 치는지 알아.

I know how to _____.
나 한국 음식 요리하는 법 알아.

Let's Speak!
네이티브처럼 반복해서 말해 보세요.

I know how to **fix it**.
이것을 고치다

I know how to **use this**.
이것을 사용하다

I know how to **get there**.
그곳에 가다

I know how to **drive**.
운전하다

I know how to **play golf**.
골프를 치다

I know how to **play the piano**.
피아노를 연주하다

I know how to **cook Korean food**.
한국 음식을 요리하다

Let's Practice!
다음 문장을 작문해 보세요.

나 피아노 어떻게 치는지 알아.

_____

Let's Practice!
다음 질문에 맞는 정답을 고르세요.

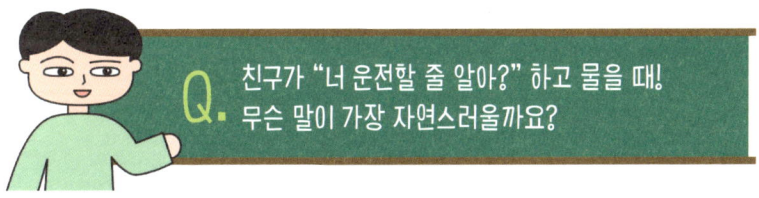

    🅐 I know how to drive.

    🅑 I'm ready to drive.

    🅒 It's important to drive.

정답 I know how to play the piano. | 🅐

PATTERN **14** 만화로 배우는 패턴 영어

오늘의 말하기 패턴

It's important to
~하는 것은 중요해

14. It's important to 패턴

잉툰's tip!

It's important to는 "~하는 것은 중요해"라는 뜻으로, 어떤 행동이나 태도의 중요성을 강조할 때 쓰는 표현이에요. 상대에게 조언을 할 때나 스스로를 다잡을 때도 자연스럽게 활용할 수 있죠. 특히 규칙적인 습관이나 생활 태도를 말할 때 자주 쓰이며, "It's important to drink water.(물 마시는 것은 중요해요.)"처럼 실천을 강조하는 듯한 뉘앙스가 있어요. 진지하면서도 부드러운 뉘앙스를 전달할 수 있는 게 특징이에요.

Let's Write!
영상을 시청하고, 문장을 완성해 보세요.

It's important to _____.
꾸준히 운동하는 것이 중요합니다.

It's important to _____.
공부하는 것은 중요해요.

It's important to _____.
연습하는 것은 중요해요.

It's important to _____.
기억하는 것은 중요해요.

It's important to _____.
용서하는 것은 중요해요.

It's important to _____.
일찍 일어나는 것은 중요해요.

It's important to _____.
물 마시는 것은 중요해요.

Let's Speak!
네이티브처럼 반복해서 말해 보세요.

 It's important to **keep exercising**.
운동을 꾸준히 하다

 It's important to **study**.
공부하다

 It's important to **practice**.
연습하다

 It's important to **remember**.
기억하다

 It's important to **forgive**.
용서하다

 It's important to **get up early**.
일찍 일어나다

 It's important to **drink water**.
물 마시다

Let's Practice!
다음 문장을 작문해 보세요.

기억하는 것은 중요해요.

_____

Let's Practice!
다음 질문에 맞는 정답을 고르세요.

Q. 건강한 생활 습관을 강조할 때! 무슨 말이 가장 자연스러울까요?

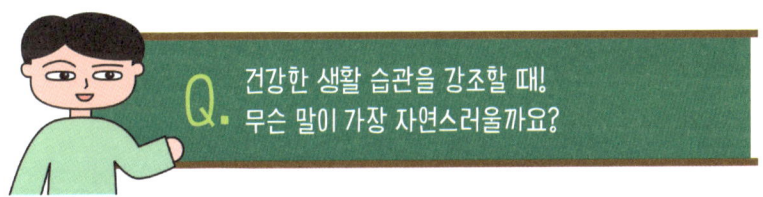

Ⓐ It takes time to drink water.

Ⓑ I was told to drink water.

Ⓒ It's important to drink water.

정답 It's important to remember. | Ⓒ

PATTERN 15

만화로 배우는 패턴 영어

오늘의 말하기 패턴

I've seen
나 ~본 적 있어

15. I've seen 패턴

잉툰's tip!

I've seen은 "나 ~ 본 적 있어"라는 뜻이에요. 경험을 말할 때 쓰는 표현으로, 여기서 그 경험은 현재까지 이어지고 있다는 것이 특징이에요. 따라서 특정한 시간 표현(yesterday, last year 등)과는 함께 쓰지 않고, 경험의 유무를 강조한답니다. 영화, 장소, 사람, 상황 등 일상 속 다양한 주제와 연결지어 활용할 수 있어요.

Let's Write!
영상을 시청하고, 문장을 완성해 보세요.

I've seen _____.
나 그 영화 본 적 있어.

I've seen _____.
나 그 뉴스 본 적 있어.

I've seen _____.
나 너의 강아지 본 적 있어.

I've seen _____.
나 걔 여동생 본 적 있어.

I've seen _____.
나 네가 우는 거 본 적 있어.

I've seen _____.
나 이거 전부 봤어.

I've seen _____.
나 모나리자 본 적 있어.

Let's Speak!
네이티브처럼 반복해서 말해 보세요.

 I've seen **the movie**.
그 영화

 I've seen **the news**.
그 뉴스

 I've seen **your dog**.
너의 강아지

 I've seen **his sister**.
그의 여동생

 I've seen **you cry**.
네가 울다

 I've seen **it all**.
이거 전부 다

 I've seen **Mona Lisa**.
모나리자

Let's Practice!
다음 문장을 작문해 보세요.

✓ Check!
☐ ☐
P1 P2

나 이거 전부 봤어.

Let's Practice!
다음 질문에 맞는 정답을 고르세요.

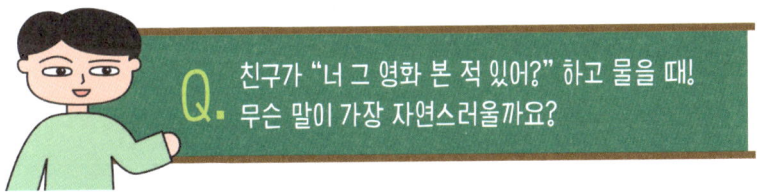

Q. 친구가 "너 그 영화 본 적 있어?" 하고 물을 때, 무슨 말이 가장 자연스러울까요?

Ⓐ I didn't expect the movie.

Ⓑ I've seen the movie.

Ⓒ I'm on the movie.

정답 I've seen it all. | Ⓑ

PATTERN 16 오늘의 말하기 패턴

It was too late to
~하기엔 너무 늦었어

16. It was too late to 패턴

잉툰's tip!

It was too late to는 "~하기엔 너무 늦었어"라는 뜻이에요. 단순히 늦었다는 의미가 아닌, 어떤 행동을 하기엔 이미 시기나 기회를 놓쳤다는 아쉬움과 후회의 뉘앙스가 담겨 있어요. 예를 들어 "It was too late to apologize.(사과하기엔 너무 늦었어.)"와 같이 과거 상황을 되돌아본다는 뉘앙스가 포함되어 있어요.

Let's Write!
영상을 시청하고, 문장을 완성해 보세요.

It was too late to _____.
환불받기엔 너무 늦었지.

It was too late to _____.
연습하기엔 너무 늦었어.

It was too late to _____.
돌아가기엔 너무 늦었어.

It was too late to _____.
운동하기엔 너무 늦었어.

It was too late to _____.
사과하기엔 너무 늦었어.

It was too late to _____.
커피 마시기엔 너무 늦었어.

It was too late to _____.
그에게 문자하기엔 너무 늦었어.

Let's Speak!
네이티브처럼 반복해서 말해 보세요.

 It was too late to **get a refund**.
환불을 받다

 It was too late to **practice**.
연습하다

 It was too late to **go back**.
돌아가다

 It was too late to **work out**.
운동하다

 It was too late to **apologize**.
사과하다

 It was too late to **drink coffee**.
커피를 마시다

 It was too late to **text him**.
그에게 문자하다

 **Let's Practice!**
다음 문장을 작문해 보세요.

돌아가기엔 너무 늦었어.

 _____

 Let's Practice!
다음 질문에 맞는 정답을 고르세요.

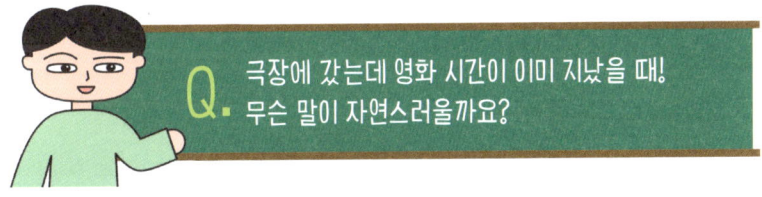

Ⓐ I wish I were watch the movie.

Ⓑ It was too late to watch the movie.

Ⓒ Don't forget watch the movie.

정답 It was too late to go back. | Ⓑ

PATTERN 17

만화로 배우는 패턴 영어

오늘의 말하기 패턴

You'd better
~하는 게 나아 / ~하는 게 좋을 거야

17. You'd better 패턴

잉툰's tip!

You'd better는 "~하는 게 나아" 혹은 "~하는 게 좋을 거야"라는 의미로, 상대에게 조언이나 경고를 전할 때 쓰는 표현이에요. '그렇게 하지 않으면 불이익 또는 문제가 생길 수 있다'라는 뉘앙스가 깔려 있어요. 가족, 친구 등 가까운 사람에게 충고할 때는 적합하지만, 공식적인 자리에서는 거칠게 느껴질 수 있기 때문에 상황을 고려하며 사용해 주세요.

Let's Write!
영상을 시청하고, 문장을 완성해 보세요.

You'd better _____.
좀 쉬는 게 좋겠어요.

You'd better _____.
이 채널 구독하는 게 좋을 거예요.

You'd better _____.
금연하는 게 좋겠어요.

You'd better _____.
지금 떠나는 게 낫겠어요.

You'd better _____.
규칙적으로 식사하는 게 좋겠어요.

You'd better _____.
늦지 않는 게 좋을 거야.

You'd better _____.
많이 먹지 않는 게 좋을 거야.

 **Let's Speak!**
네이티브처럼 반복해서 말해 보세요.

 You'd better **take a rest**.
쉬다

 You'd better **subscribe this channel**.
채널을 구독하다

 You'd better **stop smoking**.
담배를 끊다

 You'd better **leave now**.
지금 떠나다

 You'd better **eat regular meals**.
규칙적으로 식사하다

 You'd better **not be late**.
늦지 않다

 You'd better **not eat too much**.
많이 먹지 않다

Let's Practice!
다음 문장을 작문해 보세요.

금연하는 게 좋겠어요.

Let's Practice!
다음 질문에 맞는 정답을 고르세요.

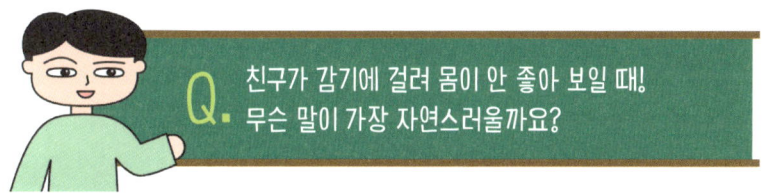

ⓐ You'd better take a rest.

ⓑ You deserve take a rest.

ⓒ It's not that take a rest.

정답 You'd better stop smoking. | ⓐ

PATTERN 18 만화로 배우는 패턴 영어

오늘의 말하기 패턴

It's hard to
~하기 어려워

18. It's hard to 패턴

잉툰's tip!

It's hard to는 "~하기 어려워"라는 뜻이에요. 어떤 일이 쉽지 않거나 부담될 때 자연스럽게 쓸 수 있는 표현이죠. 단순히 힘들다는 사실을 말할 수도 있고, 상황에 따라서는 감정을 담아 어려움, 힘듦을 한탄하는 듯한 뉘앙스를 전달할 수 있어요. "It's hard to study English.(영어 공부하기 어려워.)"나 "It's hard to find time.(짬 내기가 어려워.)"와 같이 학업, 일 등 친숙한 일상 주제에 대해 말할 때 활용해 보세요.

Let's Write!
영상을 시청하고, 문장을 완성해 보세요.

It's hard to _____.
못 믿겠어.

It's hard to _____.
이해하기 어려워.

It's hard to _____.
뭐라 말하기가 곤란해.

It's hard to _____.
짬 내기가 어려워.

It's hard to _____.
영어 공부하기 어려워.

It's hard to _____.
춤추는 건 어려워.

It's hard to _____.
빨리 달리는 건 어려워.

Let's Speak!
네이티브처럼 반복해서 말해 보세요.

 It's hard to **believe**.
믿다

 It's hard to **understand**.
이해하다

 It's hard to **say**.
말하다

 It's hard to **find time**.
시간을 내다

 It's hard to **study English**.
영어 공부하다

 It's hard to **dance**.
춤추다

 It's hard to **run fast**.
빨리 달리다

 **Let's Practice!**
다음 문장을 작문해 보세요.

춤 추는 건 어려워.

 _____

 Let's Practice!
다음 질문에 맞는 정답을 고르세요.

 Q. 친구가 말한 이야기가 너무 충격적일 때!
무슨 말이 가장 자연스러울까요?

ⓐ It's time to believe.

ⓑ It takes time to believe.

ⓒ It's hard to believe.

정답 It's hard to dance. | ⓒ

PATTERN 19 만화로 배우는 패턴 영어

오늘의 말하기 패턴

I'm afraid
(유감스럽지만) ~할 것 같아

I'm afraid I can't call you.
(미안한데 전화 못 할 것 같아.)

19. I'm afraid 패턴

잉툰's tip!

I'm afraid는 직역하면 "나는 두려워"이지만, 실제 회화에서는 "(유감스럽지만) ~할 것 같아"라는 의미로 훨씬 자주 쓰여요. 상대에게 나쁜 소식이나 정중히 거절 의사를 전달할 때 어울리는 표현으로, 원어민들은 완곡하게 말해야 할 때 I'm afraid~로 말을 시작한답니다. 부드럽게 들리기 때문에 상대가 받아들이기 훨씬 편안해져요.

Let's Write!
영상을 시청하고, 문장을 완성해 보세요.

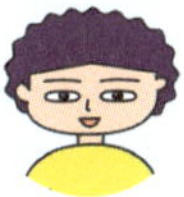

I'm afraid _____.
미안한데 난 못 갈 것 같아.

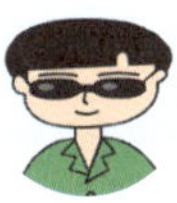

I'm afraid _____.
미안한데 못 도와줄 것 같아.

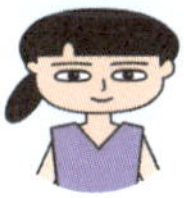

I'm afraid _____.
미안한데 전화 못 할 것 같아.

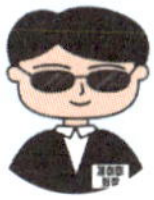

I'm afraid _____.
미안한데 늦을 것 같아.

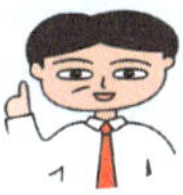

I'm afraid _____.
미안한데 나 시간이 없을 것 같아.

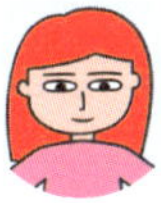

I'm afraid _____.
죄송하지만 예약이 다 찼어요.

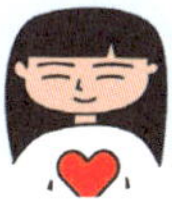

I'm afraid _____.
아무래도 네가 틀린 것 같아.

Let's Speak!
네이티브처럼 반복해서 말해 보세요.

 I'm afraid **I can't go**.
나는 못 가다

 I'm afraid **I can't help you**.
나는 너를 돕지 못하다

 I'm afraid **I can't call you**.
너에게 전화 못 하다

 I'm afraid **I will be late**.
나는 늦을 것이다

 I'm afraid **I don't have time**.
나는 시간이 없다

 I'm afraid **we are fully booked**.
우리는 예약이 다 찼다

 I'm afraid **you're wrong**.
너는 틀리다

Let's Practice!
다음 문장을 작문해 보세요.

미안한데 늦을 것 같아.

 Let's Practice!
다음 질문에 맞는 정답을 고르세요.

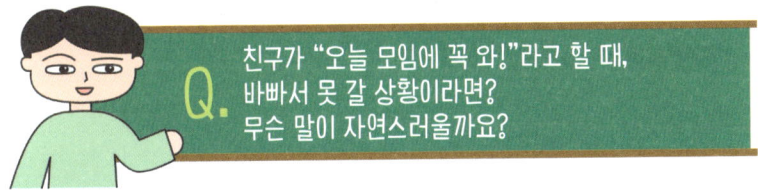

친구가 "오늘 모임에 꼭 와!"라고 할 때, 바빠서 못 갈 상황이라면?
무슨 말이 자연스러울까요?

Ⓐ Don't forget to go.

Ⓑ I'm afraid I can't go.

Ⓒ I'm used to go.

정답 I'm afraid I will be late. | Ⓑ

PATTERN 20
오늘의 말하기 패턴

I'm too tired to
~하기엔 너무 피곤해

20. I'm too tired to 패턴

잉툰's tip!

I'm too tired to는 "~하기엔 너무 피곤해"라는 뜻이에요. 어떤 행동을 하고 싶어도 지쳐 있어서 불가능하거나 의욕이 없음을 나타내는 표현이에요. 친근한 상대에게 불평을 말하거나, 나의 상태를 솔직하게 전하는 상황과 잘 어울려요. 여기서 tired 대신 busy(바쁜)나 excited(흥분된)와 같은 다른 형용사를 넣으면 다양한 감정을 표현할 수도 있답니다.

Let's Write!
영상을 시청하고, 문장을 완성해 보세요.

I'm too tired to _____.
일어나기엔 너무 피곤해.

I'm too tired to _____.
도와주기엔 너무 피곤해.

I'm too tired to _____.
조깅하기엔 너무 피곤해.

I'm too tired to _____.
외출하기엔 너무 피곤해.

I'm too tired to _____.
저녁하기엔 너무 피곤해.

I'm too tired to _____.
청소하기엔 너무 피곤해.

I'm too tired to _____.
출근하기엔 너무 피곤해.

Let's Speak!
네이티브처럼 반복해서 말해 보세요.

 I'm too tired to **get up**.
일어나다

 I'm too tired to **help**.
돕다

 I'm too tired to **jog**.
조깅하다

 I'm too tired to **go out**.
외출하다

 I'm too tired to **make dinner**.
저녁을 준비하다

 I'm too tired to **clean up**.
청소하다

 I'm too tired to **go to work**.
출근하다

Let's Practice!
다음 문장을 작문해 보세요.

출근하기엔 너무 피곤해.

 _____

 Let's Practice!
다음 질문에 맞는 정답을 고르세요.

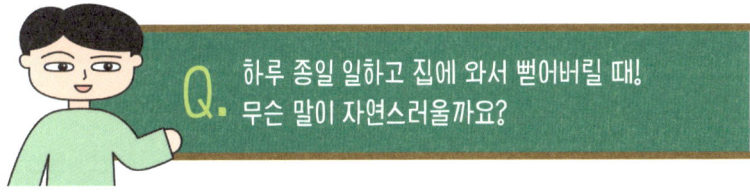

Ⓐ I'm too tired to go out.

Ⓑ I'm afraid go out.

Ⓒ Let's go for out.

정답 I'm too tired to go to work. | Ⓐ

만화로 배우는 패턴 영어

PATTERN 21 - 30

- ㉑ I'm on
- ㉒ I'm ready to
- ㉓ I'm getting
- ㉔ It's time to
- ㉕ Let's go for
- ㉖ Let's not
- ㉗ Is it too
- ㉘ I'm looking for
- ㉙ Where did you get
- ㉚ You look

Can Do!

지금 상황이나 준비 상태를
자연스럽게 표현할 수 있는 패턴 표현들이에요.
무엇을 하려는지, 같이 하자고 제안하거나
상대의 모습에 대해 말할 수 있어요.

Learning English Patterns Through Comics

PATTERN 21 - 30
전체 듣기

PATTERN 21 | 만화로 배우는 패턴 영어
오늘의 말하기 패턴

I'm on
나 ~중이야

I'm on a diet.
(나 다이어트 중이야.)

21. I'm on 패턴

잉툰's tip!

I'm on은 "나 ~중이야"라는 뜻으로, 어떤 활동이나 상황에 참여하고 있음을 말할 때 쓰는 표현이에요. 다이어트 중일 때, 중요한 프로젝트를 진행 중일 때, 혹은 약을 복용 중일 때도 활용할 수 있어요. 문맥과 상황에 따라 가볍게도, 진지하게도 쓸 수 있는 아주 유용한 패턴이에요. 참고로 I'm on 뒤에는 명사나 명사구가 따라 오며, 동사는 바로 접속할 수 없어요.

Let's Write!
영상을 시청하고, 문장을 완성해 보세요.

I'm on _____.
나 근무 중이야.

I'm on _____.
나 다이어트 중이야.

I'm on _____.
나 지금 통화 중이야.

I'm on _____.
나 출장 중이야.

I'm on _____.
나 지금 나가는 중이야.

I'm on _____.
나 데이트 중이야.

I'm on _____.
나 휴가 중이야.

Let's Speak!

네이티브처럼 반복해서 말해 보세요.

발음듣기

Check! □□□ I'm on **duty**.
근무

Check! □□□ I'm on **a diet**.
다이어트

Check! □□□ I'm on **the phone**.
통화

Check! □□□ I'm on **a business trip**.
출장

Check! □□□ I'm on **my way out**.
나가는 길

Check! □□□ I'm on **a date**.
데이트

Check! □□□ I'm on **vacation**.
휴가

Let's Practice!
다음 문장을 작문해 보세요.

나 휴가 중이야.

Let's Practice!
다음 질문에 맞는 정답을 고르세요.

Q. 친구가 "왜 전화 안 받아?"라고 물을 때!
무슨 말이 가장 자연스러울까요?

ⓐ I'm into the phone.

ⓑ I'm on the phone.

ⓒ I've seen the phone.

정답 I'm on vacation. | ⓑ

PATTERN 22
오늘의 말하기 패턴

I'm ready to
~할 준비가 되어 있어

22. I'm ready to 패턴

잉툰's tip!

I'm ready to는 "~할 준비가 되어 있어"라는 뜻으로, 자신감 있게 어떤 행동을 시작한다는 뉘앙스가 있어요. 단순한 준비뿐만 아니라, 마음가짐이나 의지 또는 상황이 이미 갖추어져 있음을 강조할 때도 잘 어울려요. 특히 "I'm ready to order.(주문할 준비가 됐어요.)"와 같은 문장은 원어민들이 식당에서 정말 자주 쓰니 잘 기억했다가 꼭 실전에서 활용해 보세요.

Let's Write!
영상을 시청하고, 문장을 완성해 보세요.

I'm ready to _____.
주문할 준비가 됐어요.

I'm ready to _____.
난 노래할 준비가 되어 있어.

I'm ready to _____.
난 그릴 준비가 되어 있어.

I'm ready to _____.
난 싸울 준비가 되어 있어.

I'm ready to _____.
난 낚시할 준비가 되어 있어.

I'm ready to _____.
난 등산 갈 준비가 되어 있어.

I'm ready to _____.
난 게임할 준비가 되어 있어.

Let's Speak!
네이티브처럼 반복해서 말해 보세요.

 I'm ready to **order**.
주문하다

 I'm ready to **sing**.
노래하다

 I'm ready to **draw**.
그리다

 I'm ready to **fight**.
싸우다

 I'm ready to **go fishing**.
낚시를 가다

 I'm ready to **go hiking**.
등산을 가다

 I'm ready to **play the game**.
게임하다

Let's Practice!
다음 문장을 작문해 보세요.

난 싸울 준비가 되어 있어.

_____

Let's Practice!
다음 질문에 맞는 정답을 고르세요.

Q. 웨이터가 "주문하시겠어요?"라고 물을 때, 무슨 말이 가장 자연스러울까요?

Ⓐ It takes time to order.

Ⓑ I'm about to order.

Ⓒ I'm ready to order.

정답 I'm ready to fight. | Ⓒ

PATTERN 23
오늘의 말하기 패턴

I'm getting
점점 ~해지고 있어

23. I'm getting 패턴

잉툰's tip!

I'm getting은 "점점 ~해지고 있어"라는 뜻으로, 상태나 기분 등이 조금씩 변해가는 과정을 나타낼 때 유용한 표현이에요. 상대에게 어조를 살짝 높여서 말하면 변화를 강조하는 뉘앙스가 담겨요. 이 패턴 뒤에는 hungry(배고픈), nervous(긴장된)와 같이 형용사가 따라오게 됩니다. 요즘 어떤 변화를 느끼고 있는지 I'm getting~으로 표현해 보세요.

Let's Write!
영상을 시청하고, 문장을 완성해 보세요.

I'm getting _____.
점점 아파지고 있어.

I'm getting _____.
점점 살찌고 있어.

I'm getting _____.
점점 배고파지고 있어.

I'm getting _____.
점점 초조해지고 있어.

I'm getting _____.
점점 무서워지고 있어.

I'm getting _____.
건망증이 심해지고 있어.

You're getting _____.
너 점점 더 좋아지고 있어.

Let's Speak!
네이티브처럼 반복해서 말해 보세요.

I'm getting **sick**.
아픈

I'm getting **fat**.
살찐

I'm getting **hungry**.
배고픈

I'm getting **nervous**.
초조한

I'm getting **scared**.
무서운

I'm getting **forgetful**.
잘 잊는

You're getting **better**.
더 나은

 **Let's Practice!**
다음 문장을 작문해 보세요.

점점 무서워지고 있어.

 _____

 Let's Practice!
다음 질문에 맞는 정답을 고르세요.

 Q. 감기 걸렸는데 점점 심해지는 것 같을 때! 무슨 말이 자연스러울까요?

ⓐ I'm getting sick.

ⓑ I might just sick.

ⓒ I'd like to sick.

정답 I'm getting scared. | ⓐ

PATTERN 24

만화로 배우는 패턴 영어

오늘의 말하기 패턴

It's time to
~할 시간이야

24. It's time to 패턴

잉툰's tip!

It's time to는 "~할 시간이야"라는 뜻이에요. 어떤 행동을 시작하거나 끝낼 때, 혹은 어떤 행동을 취할 때가 되었다는 것을 나타낼 때 딱 맞는 표현이죠. 상대에게 부드럽게 권유나 격려하는 뉘앙스부터, 단호하게 재촉하는 듯한 뉘앙스까지 폭 넓게 사용할 수 있는 패턴이에요. 참고로 to 뒤에는 언제나 동사 원형이 오는 점에 주의해 주세요.

Let's Write!
영상을 시청하고, 문장을 완성해 보세요.

It's time to _____.
집에 갈 시간이야.

It's time to _____.
저녁할 시간이야.

It's time to _____.
시작할 때가 됐어.

It's time to _____.
일어날 시간이야.

It's time to _____.
이것에 대해 얘기할 시간이야.

It's time to _____.
현실을 직시해야 할 시간이야.

It's time to _____.
퇴근할 시간이야.

Let's Speak!
네이티브처럼 반복해서 말해 보세요.

 It's time to **head home**.
집에 가다

 It's time to **make dinner**.
저녁을 준비하다

 It's time to **begin**.
시작하다

 It's time to **wake up**.
일어나다

 It's time to **talk about this**.
이것에 대해 이야기하다

 It's time to **face the facts**.
사실을 직시하다

 It's time to **leave the office**.
퇴근하다

Let's Practice!
다음 문장을 작문해 보세요.

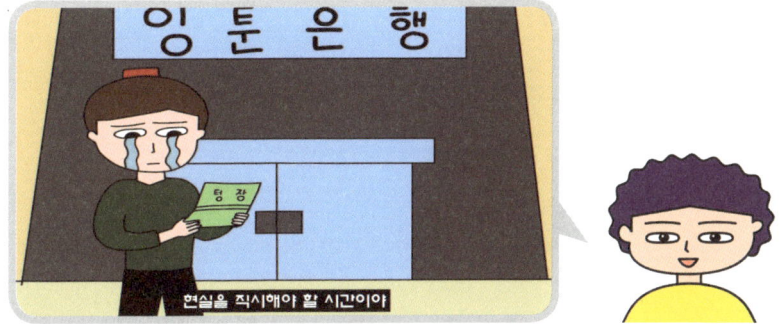

현실을 직시해야 할 시간이야.

_____

Let's Practice!
다음 질문에 맞는 정답을 고르세요.

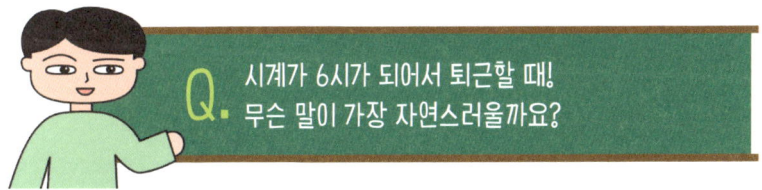

ⓐ I'm getting leave the office.

ⓑ It's time to leave the office.

ⓒ It takes time to leave the office.

정답 It's time to face the facts. | ⓑ

PATTERN 25   만화로 배우는 패턴 영어   오늘의 말하기 패턴

Let's go for
~하러 가자

25. Let's go for 패턴

잉툰's tip!

Let's go for는 "~하러 가자"라는 뜻으로, 누군가에게 어떤 활동을 함께 하자고 제안할 때 쓰는 표현이에요. 가볍고 친근한 뉘앙스라 친구나 동료와의 대화에서 특히 잘 어울리죠. 산책, 식사, 드라이브 등 다양한 상황에 두루 활용할 수 있어요. 원어민 친구에게 Let's go for~로 야외 활동이나 식사를 제안해 보세요.

 **Let's Write!**
영상을 시청하고, 문장을 완성해 보세요.

Let's go for _____.
수영하러 가자.

Let's go for _____.
저녁 먹으러 가자.

Let's go for _____.
피자 먹으러 가자.

Let's go for _____.
소풍 가자.

Let's go for _____.
자전거 타러 가자.

Let's go for _____.
드라이브하러 가자.

Let's go for _____.
한잔하러 가자.

Let's Speak!
네이티브처럼 반복해서 말해 보세요.

 Let's go for **a swim**.
수영

 Let's go for **dinner**.
저녁

 Let's go for **a pizza**.
피자

 Let's go for **a picnic**.
소풍

 Let's go for **a bike ride**.
자전거 타기

 Let's go for **a drive**.
드라이브

 Let's go for **a drink**.
한잔하기

Let's Practice!
다음 문장을 작문해 보세요.

✓ Check!
□ □
P1 P2

자전거 타러 가자.

 _____

 Let's Practice!
다음 질문에 맞는 정답을 고르세요.

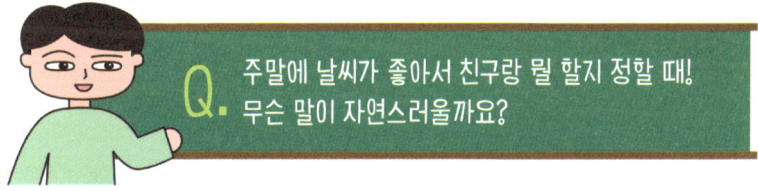

Q. 주말에 날씨가 좋아서 친구랑 뭘 할지 정할 때!
무슨 말이 자연스러울까요?

 Ⓐ Let's go for a picnic.
 Ⓑ Don't forget to a picnic.
 Ⓒ Can I get you a picnic?

정답 Let's go for a bike ride. | Ⓐ

PATTERN 26 만화로 배우는 패턴 영어

오늘의 말하기 패턴

Let's not
~하지 말자

Let's not be quick to judge.
(성급하게 판단하지 말자.)

26. Let's not 패턴

잉툰's tip!

Let's not은 "~하지 말자"라는 뜻으로, 부드럽게 어떤 행동을 말리거나 피하자고 제안할 때 쓰는 표현이에요. 강하게 금지하는 느낌보다는 상대를 존중하면서 '그렇게 안 하면 어때?'하고 제안하는 듯한 뉘앙스가 있어요. "Let's not get upset.(우리 화내지 말자.)"와 같이 대화나 상황을 긍정적으로 바꾸고 싶을 때도 아주 유용해요.

Let's Write!
영상을 시청하고, 문장을 완성해 보세요.

Let's not _____.
지하철 타지 말자.

Let's not _____.
기다리지 말자.

Let's not _____.
스트레스 받지 말자.

Let's not _____.
열 받지 말자.

Let's not _____.
속이지 말자.

Let's not _____.
성급하게 판단하지 말자.

Let's not _____.
지금 포기하지 말자.

Let's Speak!
네이티브처럼 반복해서 말해 보세요.

Let's not **take the subway**.
지하철 타다

Let's not **wait**.
기다리다

Let's not **stress out**.
스트레스 받다

Let's not **get upset**.
화내다

Let's not **cheat**.
속이다

Let's not **be quick to judge**.
성급하게 판단하다

Let's not **give up now**.
지금 포기하다

 **Let's Practice!**
다음 문장을 작문해 보세요.

 Check!
☐ ☐
P1 P2

기다리지 말자.

 _____

 Let's Practice!
다음 질문에 맞는 정답을 고르세요.

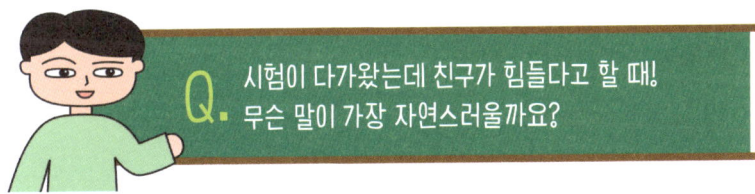

Q. 시험이 다가왔는데 친구가 힘들다고 할 때! 무슨 말이 가장 자연스러울까요?

Ⓐ Let's not give up now.

Ⓑ I might just give up now.

Ⓒ It's hard to give up now.

정답 Let's not wait. | Ⓐ

PATTERN 27 — 만화로 배우는 패턴 영어

오늘의 말하기 패턴

Is it too
너무 ~한가?

27. Is it too 패턴

잉툰's tip!

Is it too는 "너무 ~한가?"라는 의미예요. 양, 시간, 정도 등이 적절한지 상대방의 의견을 물어볼 때 쓸 수 있는 표현이랍니다. 직접적으로 말하지 않고, 상대를 배려하며 조심스럽게 생각, 입장 등을 묻는 듯한 뉘앙스가 담겨 있어요. 또한 이 패턴은 원어민들이 농담이나 가볍게 분위기를 풀 때 사용하기도 해요.

Let's Write!
영상을 시청하고, 문장을 완성해 보세요.

Is it too _____ ?
너무 짧은가?

Is it too _____ ?
너무 많은가?

Is it too _____ ?
너무 늦었나?

Is it too _____ ?
너무 이른가?

Is it too _____ ?
너무 바쁜가?

Is it too _____ ?
너무 시끄러운가?

Is it too _____ ?
요구하는 게 너무 많은가?

Let's Speak!
네이티브처럼 반복해서 말해 보세요.

 Is it too **short**?
짧은

 Is it too **much**?
많은

 Is it too **late**?
늦은

 Is it too **early**?
이른

 Is it too **busy**?
바쁜

 Is it too **noisy**?
시끄러운

 Is it too **much to ask**?
지나친 요구

 **Let's Practice!**
다음 문장을 작문해 보세요.

너무 많은가?

 _____

 Let's Practice!
다음 질문에 맞는 정답을 고르세요.

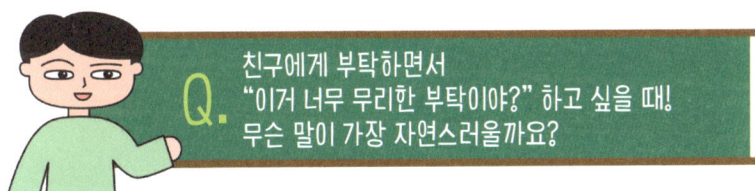

Q. 친구에게 부탁하면서 "이거 너무 무리한 부탁이야?" 하고 싶을 때! 무슨 말이 가장 자연스러울까요?

ⓐ You look much to ask.

ⓑ Is it too much to ask?

ⓒ I was told to much to ask.

정답 Is it too much? | ⓑ

PATTERN 28 · 만화로 배우는 패턴 영어

오늘의 말하기 패턴

I'm looking for
~를 찾고 있어요

28. I'm looking for 패턴

잉툰's tip!

I'm looking for은 우리말로 하면 "~를 찾고 있어요"라는 의미예요. 물건, 사람, 장소를 찾을 때 다양하게 활용할 수 있어서 일상에서 정말 자주 쓰이는 기본 표현이죠. 길을 잃었을 때, 물건이 안 보일 때, 혹은 원하는 걸 구할 때 원어민들은 이 패턴을 자주 활용한답니다. 혹시 지금 어떤 물건을 찾고 있다면 I'm looking for~로 상대에게 어필해 보세요.

Let's Write!
영상을 시청하고, 문장을 완성해 보세요.

I'm looking for _____.
밥 먹을 장소를 찾고 있어요.

I'm looking for _____.
사람을 찾고 있어요.

I'm looking for _____.
그 남자의 집을 찾고 있어요.

I'm looking for _____.
내 가방을 찾고 있어요.

I'm looking for _____.
직업을 구하고 있어요.

I'm looking for _____.
주유소를 찾고 있어요.

I'm looking for _____.
주차장을 찾고 있어요.

Let's Speak!
네이티브처럼 반복해서 말해 보세요.

I'm looking for **a place to eat**.
밥 먹을 장소

I'm looking for **someone**.
누군가

I'm looking for **his house**.
그의 집

I'm looking for **my bag**.
내 가방

I'm looking for **a job**.
직업

I'm looking for **a gas station**.
주유소

I'm looking for **a parking lot**.
주차장

Let's Practice!
다음 문장을 작문해 보세요.

사람을 찾고 있어요.

_____

Let's Practice!
다음 질문에 맞는 정답을 고르세요.

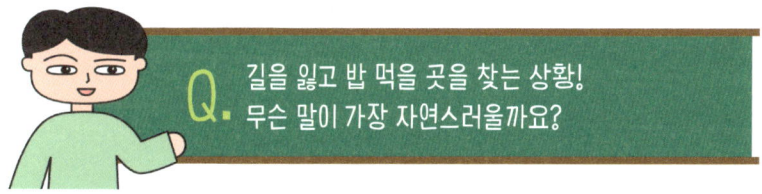

Q. 길을 잃고 밥 먹을 곳을 찾는 상황! 무슨 말이 가장 자연스러울까요?

Ⓐ It looks like a place to eat.

Ⓑ I can't remember a place to eat.

Ⓒ I'm looking for a place to eat.

정답 I'm looking for someone. | Ⓒ

PATTERN
29 오늘의 말하기 패턴

만화로 배우는 패턴 영어

Where did you get
~어디서 샀어?

Where did you get that wine?
(저 와인 어디서 샀어?)

29. Where did you get 패턴

잉툰's tip!

Where did you get은 "~어디서 샀어?"라는 의미로, 상대방의 물건이 마음에 들거나 궁금할 때 자연스럽게 물어볼 수 있는 표현이죠. 옷, 액세서리, 음식, 선물 등 다양한 사물의 출처, 구매 방법을 묻는 듯한 뉘앙스랍니다. 물건뿐만 아니라 서비스나 아이디어에 대해 물어볼 때 활용할 수도 있어요.

Let's Write!
영상을 시청하고, 문장을 완성해 보세요.

Where did you get _____?
그거 어디서 샀어?

Where did you get _____?
저 와인 어디서 샀어?

Where did you get _____?
이 재킷 어디서 샀어?

Where did you get _____?
네 핸드폰 어디서 샀어?

Where did you get _____?
그 남자 선물 어디서 샀어?

Where did you get _____?
이 지갑 어디서 샀어?

Where did you get _____?
저 신발들 어디서 샀어?

Let's Speak!
네이티브처럼 반복해서 말해 보세요.

 Where did you get **that**?
그것

 Where did you get **that wine**?
저 와인

 Where did you get **this jacket**?
이 재킷

 Where did you get **your phone**?
네 핸드폰

 Where did you get **his gift**?
그의 선물

 Where did you get **this purse**?
이 지갑

 Where did you get **those shoes**?
저 신발들

 **Let's Practice!**
다음 문장을 작문해 보세요.

그 남자 선물 어디서 샀어?

 _____

 Let's Practice!
다음 질문에 맞는 정답을 고르세요.

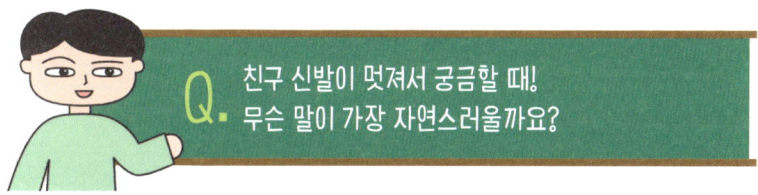

ⓐ You deserve those shoes.

ⓑ Where did you get those shoes?

ⓒ I'm too tired to those shoes.

정답 Where did you get his gift? | ⓑ

PATTERN 30

만화로 배우는 패턴 영어

오늘의 말하기 패턴

You look
너 ~해 보여

You look very nice.
(너 되게 좋아 보여.)

30. You look 패턴

잉툰's tip!

You look는 "너 ~해 보여"라는 뜻으로, 상대방의 상태나 분위기를 자연스럽게 표현할 때 쓰는 말이에요. 외모뿐만 아니라 감정이나 컨디션을 말할 때도 활용할 수 있죠. 부드럽게 칭찬할 때도, 걱정을 전할 때도 정말 유용한 표현이에요. 자 그럼, 기분 좋아 보이는 친구에게 you look~ 패턴을 활용해서 말을 건네 볼까요?

Let's Write!
영상을 시청하고, 문장을 완성해 보세요.

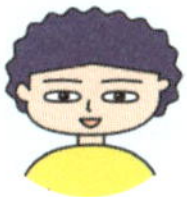

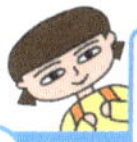

You look _____.
너 너무 과하게 차려입은 것 같아.

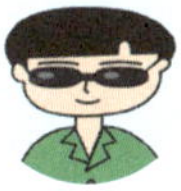

You look _____.
너 창백해 보여.

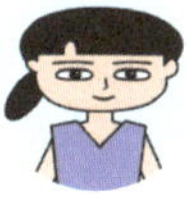

You look _____.
너 후줄근해 보여.

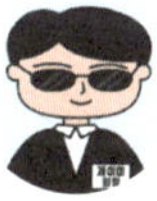

You look _____.
너 짜증 나 보여.

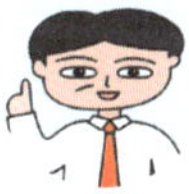

You look _____.
너 되게 좋아 보여.

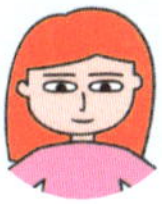

You look _____.
너 우울해 보여.

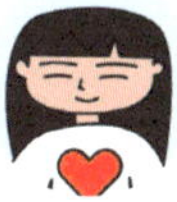

You look _____.
너 걱정 있어 보여.

Let's Speak!
네이티브처럼 반복해서 말해 보세요.

You look **overdressed**.
과하게 차려입은

You look **pale**.
창백한

You look **frumpy**.
후줄근한

You look **frustrated**.
짜증나는

You look **very nice**.
좋아 보이는

You look **blue**.
우울한

You look **worried**.
걱정하는

Let's Practice!
다음 문장을 작문해 보세요.

너 너무 과하게 차려입은 것 같아.

Let's Practice!
다음 질문에 맞는 정답을 고르세요.

Q. 친구 얼굴이 창백할 때!
무슨 말이 가장 자연스러울까요?

Ⓐ I didn't expect pale.

Ⓑ You look pale.

Ⓒ I'm worried about pale.

정답 You look overdressed. | Ⓑ

만화로 배우는 패턴 영어

PATTERN 31 - 40

- **31** I can't remember
- **32** I'm calling to
- **33** Is/Are there any
- **34** It tastes
- **35** I'm worried about
- **36** I'm not good at
- **37** This is one of
- **38** You were supposed to
- **39** I'd like to
- **40** What a

Can Do!

기억이 안 날 때, 부탁이나 걱정을 전할 때, 맛이나 능력에 대해 말할 때 활용할 수 있는 패턴 표현들이에요. 상대방에게 기대를 전하거나 원하는 것을 정중하게 표현할 수도 있어요.

Learning English Patterns Through Comics

PATTERN 31 - 40

 전체 듣기

PATTERN **31** 오늘의 말하기 패턴

만화로 배우는 패턴 영어

I can't remember
~이 기억이 안 나

31. I can't remember 패턴

잉툰's tip!

I can't remember는 "~이 기억이 안 나"라는 의미예요. 특정 사실, 이름, 날짜, 장소 등의 정보를 떠올리지 못할 때 자주 쓰는 표현이죠. 주로 일상 대화에서 사소한 것을 순간적으로 잊었을 때 사용하지만, 원어민들은 기억이 안 나는 상황을 돌려 말할 때 활용하기도 해요. 또한 I can't remember~ 패턴에는 상대방이 알려주길 유도하는 듯한 뉘앙스가 담길 때가 많아요.

Let's Write!
영상을 시청하고, 문장을 완성해 보세요.

I can't remember _____.
그 이름이 기억이 안 나.

I can't remember _____.
그 여자애 이름이 기억이 안 나.

I can't remember _____.
방법이 생각이 안 나.

I can't remember _____.
그가 무슨 말 했는지 기억이 안 나.

I can't remember _____.
누구였는지 기억이 안 나.

I can't remember _____.
그 주소가 기억이 안 나.

I can't remember _____.
우리가 뭘 먹었는지 기억이 안 나.

Let's Speak!
네이티브처럼 반복해서 말해 보세요.

 I can't remember **that name**.
그 이름

 I can't remember **her name**.
그녀 이름

 I can't remember **the way**.
길, 방법

 I can't remember **what he said**.
그가 한 말

 I can't remember **who it was**.
누구였는지

 I can't remember **the address**.
주소

 I can't remember **what we ate**.
우리가 먹었던 것

Let's Practice!
다음 문장을 작문해 보세요.

누구였는지 기억이 안 나.

Let's Practice!
다음 질문에 맞는 정답을 고르세요.

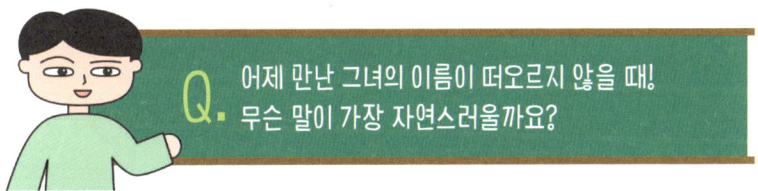

ⓐ I can't remember her name.

ⓑ I'm ready to her name.

ⓒ Thanks for her name.

정답 I can't remember who it was. | ⓐ

PATTERN 32
오늘의 말하기 패턴

I'm calling to
~하려고 전화했어

32. I'm calling to 패턴

I'm calling to는 "~하려고 전화했어"라는 뜻이에요. 주문을 하거나, 정보를 묻거나, 도움을 요청할 때 시작 멘트로 딱 좋죠. 상황에 따라 정중하게도 친근하게도 쓸 수 있는 표현으로, 통화 목적을 말할 때 아주 유용한 패턴이랍니다. I'm calling to~ 패턴으로 친구에게 전화 용건을 설명해 보세요.

Let's Write!
영상을 시청하고, 문장을 완성해 보세요.

I'm calling to _____.
오늘 너 시간 되는지 물어보려고 전화했어.

I'm calling to _____.
피자 주문하려고 전화했어요.

I'm calling to _____.
주문하려고 전화했어요.

I'm calling to _____.
다니엘이랑 연락하려고 전화했어요.

I'm calling to _____.
더 자세히 알아보려고 전화했어요.

I'm calling to _____.
예약하려고 전화했어요.

I'm calling to _____.
도움을 청하려고 전화했어요.

Let's Speak!
네이티브처럼 반복해서 말해 보세요.

 I'm calling to **ask if you're free today**.
네가 오늘 시간이 되는지 묻다

 I'm calling to **order pizza**.
피자를 주문하다

 I'm calling to **place an order**.
주문하다

 I'm calling to **contact Daniel**.
다니엘과 연락하다

 I'm calling to **get more information**.
더 많은 정보를 알아보다

 I'm calling to **make a reservation**.
예약하다

 I'm calling to **ask for help**.
도움을 요청하다

Let's Practice!
다음 문장을 작문해 보세요.

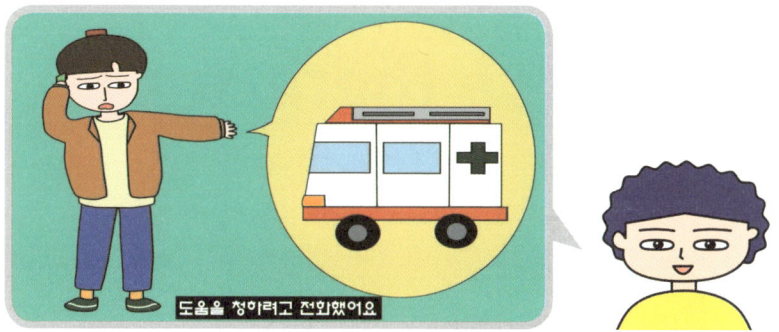

도움을 청하려고 전화했어요.

_____

Let's Practice!
다음 질문에 맞는 정답을 고르세요.

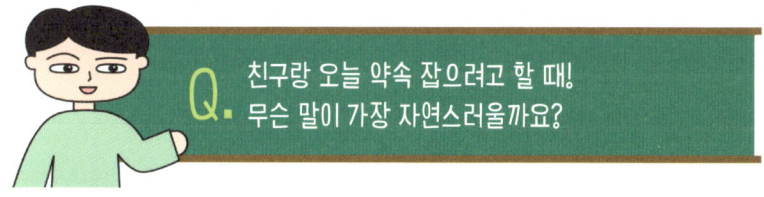

ⓐ It takes time to ask if you're free today.

ⓑ Don't forget to ask if you're free today.

ⓒ I'm calling to ask if you're free today.

정답 I'm calling to ask for help. | ⓒ

PATTERN

33 오늘의 말하기 패턴

만화로 배우는 패턴 영어

Is/Are there any
(단수/복수) ~있어?

33. Is/Are there any 패턴

잉툰's tip!

Is/Are there any는 "(단수/복수) ~있어?"라는 뜻이에요. 단수/복수 모두 쓸 수 있고, 물건이나 사람 혹은 상황이 존재하는지 확인할 때 활용하죠. 물건, 문제, 소식, 계획 등 여러 대상을 두고 쓸 수 있어요. 참고로 is는 단수나 셀 수 없는 것을, are은 복수일 경우에 사용한답니다.

 **Let's Write!**
영상을 시청하고, 문장을 완성해 보세요.

Is there any _____?
케첩 좀 있어?

Is there any _____?
무슨 문제 있어?

Is there any _____?
좋은 소식 있어?

Is there any _____?
남는 방 있어요?

Are there any _____?
질문 있어?

Are there any _____?
남은 달걀 좀 있어?

Are there any _____?
내일 무슨 계획 있어?

Let's Speak!
네이티브처럼 반복해서 말해 보세요.

Is there any **ketchup**?
케첩

Is there any **problem**?
문제

Is there any **good news**?
좋은 소식

Is there any **room available**?
빈 방

Are there any **questions**?
질문

Are there any **eggs left**?
남은 달걀

Are there any **plans for tomorrow**?
내일 계획

Let's Practice!
다음 문장을 작문해 보세요.

남은 달걀 좀 있어?

_____

Let's Practice!
다음 질문에 맞는 정답을 고르세요.

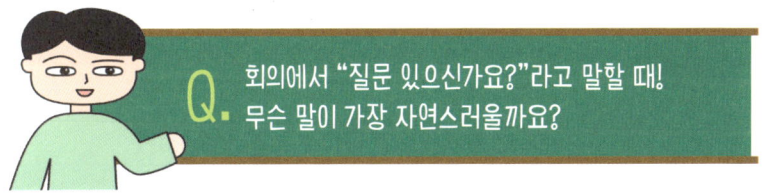

Q. 회의에서 "질문 있으신가요?"라고 말할 때!
무슨 말이 가장 자연스러울까요?

Ⓐ Is it too questions?

Ⓑ Are there any questions?

Ⓒ Where did you get questions?

정답 Are there any eggs left? | Ⓑ

PATTERN
34 오늘의 말하기 패턴
만화로 배우는 패턴 영어

It tastes
맛이 ~해

34. It tastes 패턴

잉툰's tip!

It tastes는 "맛이 ~해"라는 뜻이에요. 맛을 묘사할 때 꼭 필요한 필수 표현이죠. 달다, 짜다, 쓰다, 새콤하다 등 어떤 맛이든 다 말할 수 있어요. 그리고 어조를 바꾸면 감탄이나 실망도 자연스럽게 표현할 수 있답니다. Too(너무), really(정말, 아주) 등과 같은 부사와 함께 사용하면 맛의 정도를 강조할 수 있어요.

Let's Write!
영상을 시청하고, 문장을 완성해 보세요.

It tastes _____.
맛이 기막혀.

It tastes _____.
맛이 아주 좋아.

It tastes _____.
너무 짜.

It tastes _____.
너무 싱거워.

It taste _____.
신맛이 나.

It tastes _____.
쓴맛이 나.

It tastes _____.
맛이 역겨워.

Let's Speak!
네이티브처럼 반복해서 말해 보세요.

 It tastes **amazing**.
기가 막힌

 It tastes **really good**.
정말 좋은

 It tastes **too salty**.
너무 짠

 It tastes **too bland**.
너무 싱거운

 It tastes **sour**.
신

 It tastes **bitter**.
쓴

 It tastes **gross**.
역겨운

 **Let's Practice!**
다음 문장을 작문해 보세요.

 Check!
☐ ☐
P1 P2

맛이 아주 좋아.

 _____

 **Let's Practice!**
다음 질문에 맞는 정답을 고르세요.

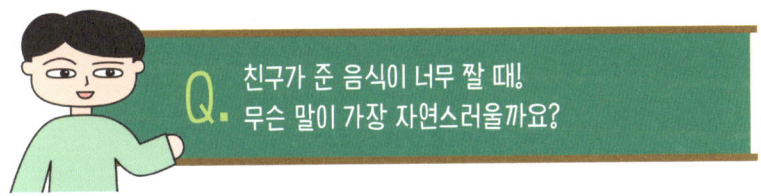
Q. 친구가 준 음식이 너무 짤 때! 무슨 말이 가장 자연스러울까요?

Ⓐ It tastes too salty.

Ⓑ I'm getting too salty.

Ⓒ You deserve too salty.

정답 It tastes really good. | Ⓐ

PATTERN
35 오늘의 말하기 패턴

만화로 배우는 패턴 영어

I'm worried about
나는 ~이 걱정돼

35. I'm worried about 패턴

잉툰's tip!

I'm worried about은 "나는 ~이 걱정돼"라는 뜻이에요. 사람, 시험, 미래, 건강 등 일상 속에서 신경 쓰이는 대상에 대해 말할 때 쓰죠. 마음속의 불안이나 걱정을 솔직하게 표현할 때 유용해요. 원어민들은 상대를 걱정하고 염려할 때 "I'm worried about you.(네가 걱정돼.)"라는 표현을 자주 활용한답니다.

Let's Write!
영상을 시청하고, 문장을 완성해 보세요.

I'm worried about _____.
이번 시험 걱정돼.

I'm worried about _____.
엄마가 걱정돼.

I'm worried about _____.
발표 때문에 걱정돼.

I'm worried about _____.
나는 네 건강이 걱정돼.

I'm worried about _____.
나는 미래가 걱정이 돼.

I'm worried about _____.
나는 그 전화가 신경 쓰여.

I'm worried about _____.
나는 사람들이 어떻게 생각할지 걱정이 돼.

Let's Speak!
네이티브처럼 반복해서 말해 보세요.

 I'm worried about **this test**.
이번 시험

 I'm worried about **my mom**.
나의 엄마

 I'm worried about **my presentation**.
나의 발표

 I'm worried about **your health**.
네 건강

 I'm worried about **my future**.
나의 미래

 I'm worried about **that phone call**.
그 전화

 I'm worried about **how people will think**.
사람들이 어떻게 생각할지

Let's Practice!
다음 문장을 작문해 보세요.

✓ Check!
☐ ☐
P1 P2

나는 그 전화가 신경 쓰여.

_____

Let's Practice!
다음 질문에 맞는 정답을 고르세요.

Q. 내일 중요한 발표가 있는데 긴장될 때!
무슨 말이 가장 자연스러울까요?

ⓐ I'm getting my presentation.

ⓑ I'm worried about my presentation.

ⓒ It was too late to my presentation.

정답 I'm worried about that phone call. | ⓑ

PATTERN 36 오늘의 말하기 패턴

I'm not good at
난 ~를 잘 못해

36. I'm not good at 패턴

 잉툰's tip!

I'm not good at은 "난 ~를 잘 못 해"라는 뜻으로, 스스로의 약점이나 자신 없는 분야를 겸손하게 표현할 때 쓰는 말이에요. 기술, 운동, 공부, 일상 행동 등 일상 생활과 밀접한 테마라면 무엇과도 잘 어울려요. 부드러운 톤으로 말하면 상대에게 솔직하면서도 귀엽게 들리기도 한답니다.

Let's Write!
영상을 시청하고, 문장을 완성해 보세요.

I'm not good at _____.
나는 아직 운전이 서툴러.

I'm not good at _____.
전 아직 영어를 잘 하지 못 해요.

I'm not good at _____.
난 감정 표현을 잘 못 해.

I'm not good at _____.
난 춤을 잘 못 춰.

I'm not good at _____.
난 그림을 잘 그리지 못 해.

I'm not good at _____.
난 운동을 잘 못 해.

I'm not good at _____.
난 사과를 잘 못 해.

PATTERN 31 - 40

Let's Speak!
네이티브처럼 반복해서 말해 보세요.

 I'm not good at **driving yet**.
아직 운전하기

 I'm not good at **speaking English**.
영어로 말하기

 I'm not good at **expressing my emotions**.
나의 감정 표현하기

 I'm not good at **dancing**.
춤추기

 I'm not good at **drawing**.
그림 그리기

 I'm not good at **sports**.
운동

 I'm not good at **apologizing**.
사과하기

Let's Practice!
다음 문장을 작문해 보세요.

난 춤을 잘 못 춰.

 _____

Let's Practice!
다음 질문에 맞는 정답을 고르세요.

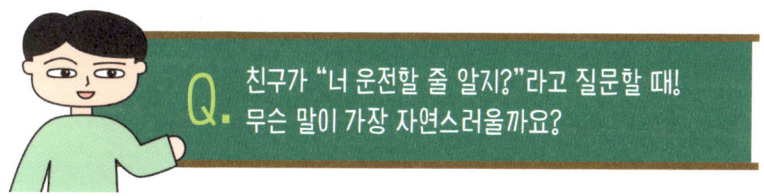

Ⓐ I'm on driving yet.

Ⓑ It's important to driving yet.

Ⓒ I'm not good at driving yet.

정답 I'm not good at dancing. | Ⓒ

PATTERN 37 오늘의 말하기 패턴

This is one of
이건 ~중 하나야

37. This is one of 패턴

잉툰's tip!

This is one of는 "이건 ~중 하나야"라는 뜻으로, 여러 개 중에서 특별히 하나를 강조할 때 쓰는 표현이에요. 좋아하는 것, 기억에 남는 순간, 중요한 이유 등을 말할 때 자연스럽게 어울리죠. 칭찬이나 추천을 할 때도 자주 쓰이는 유용한 패턴이에요. 여러분은 지금 무엇을 소개하고 싶나요? This is one of~으로 문장을 만들어 보세요.

Let's Write!
영상을 시청하고, 문장을 완성해 보세요.

This is one of _____.
여긴 내가 좋아하는 식당들 중 하나야.

This is one of _____.
얘는 내 친구 중 한 명이야.

This is one of _____.
이건 많은 것들 중 하나야.

This is one of _____.
이것은 한국 식사 예절 중 하나야.

This is one of _____.
얘는 내 애완견들 중 한 마리야.

This is one of _____.
지금이 일년 중 가장 바쁜 시기에 속해.

This is one of _____.
이건 네 과제들 중 하나야.

Let's Speak!
네이티브처럼 반복해서 말해 보세요.

 This is one of **my favorite restaurants**.
내가 좋아하는 식당들

 This is one of **my friends**.
내 친구들

 This is one of **many**.
많은 것들

 This is one of **dining etiquettes in Korea**.
한국 식사 예절

 This is one of **my pets**.
내 애완동물들

 This is one of **the busiest times of the year**.
가장 바쁜 시기

 This is one of **your assignments**.
네 과제들

Let's Practice!
다음 문장을 작문해 보세요.

이건 많은 것들 중 하나야.

_____

Let's Practice!
다음 질문에 맞는 정답을 고르세요.

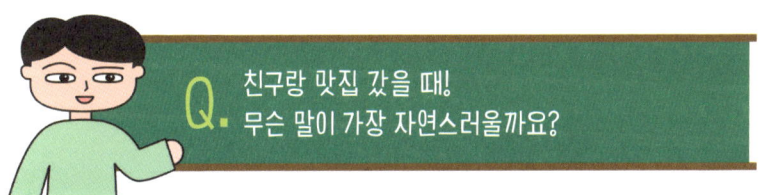

Q. 친구랑 맛집 갔을 때!
무슨 말이 가장 자연스러울까요?

ⓐ This is one of my favorite restaurants.

ⓑ I've seen my favorite restaurants.

ⓒ I'm getting my favorite restaurants.

정답 This is one of many. | ⓐ

PATTERN 38 만화로 배우는 패턴 영어

오늘의 말하기 패턴

You were supposed to
~하기로 했잖아 / ~했어야 했어

You were supposed to go with me.
(너 나랑 같이 가기로 했었잖아.)

38. You were supposed to 패턴

잉툰's tip!

You were supposed to는 "~하기로 했잖아", "~했어야 했어"라는 뜻이에요. 누군가가 약속했거나 기대된 일을 하지 않았을 때 쓰는 표현이죠. 지켜지지 않은 의무나 계획을 떠올리게 하면서, 상황에 따라 가볍게 장난처럼도 혹은 진지하게 불만을 담아 말할 수도 있어요. 그래서 친한 친구와의 일상 대화뿐만 아니라 "You were supposed to meet the client.(고객을 만나기로 했잖아.)"처럼 직장에서 책임을 지적할 때도 활용할 수 있는 유용한 패턴이에요.

Let's Write!
영상을 시청하고, 문장을 완성해 보세요.

You were supposed to _____.
너 나랑 같이 가기로 했었잖아.

You were supposed to _____.
너 12시까지 왔어야 했어.

You were supposed to _____.
너 2시간 전에 나 만나기로 했었잖아.

You were supposed to _____.
너는 우리를 도와줬어야 해.

You were supposed to _____.
너는 개를 산책시키기로 했었잖아.

You were supposed to _____.
너 정오에 전화하기로 했었잖아.

You were supposed to _____.
너 나 저녁 사주기로 했었잖아.

Let's Speak!
네이티브처럼 반복해서 말해 보세요.

You were supposed to **go with me**.
나와 함께 가다

You were supposed to **be here by twelve**.
여기에 12시까지 오다

You were supposed to **meet me two hours ago**.
나를 2시간 전에 만나다

You were supposed to **help us**.
우리를 돕다

You were supposed to **walk the dog**.
개를 산책시키다

You were supposed to **call me at noon**.
나에게 정오에 전화하다

You were supposed to **buy me dinner**.
나에게 저녁을 사주다

Let's Practice!
다음 문장을 작문해 보세요.

✓ Check!
☐ ☐
P1 P2

너는 개를 산책시키기로 했었잖아.

_____

Let's Practice!
다음 질문에 맞는 정답을 고르세요.

Q. 전화하기로 한 친구가 약속을 안 지켰을 때!
무슨 말이 가장 자연스러울까요?

Ⓐ I was told to call me at noon.

Ⓑ It's hard to call me at noon.

Ⓒ You were supposed to call me at noon.

정답 You were supposed to walk the dog. | Ⓒ

PATTERN 39 | 만화로 배우는 패턴 영어

오늘의 말하기 패턴

I'd like to
~하고 싶어

I'd like to do that again.
(다시 하고 싶어.)

39. I'd like to 패턴

잉툰's tip!

I'd like to는 "~하고 싶어"라는 의미로, 정중하면서도 부드럽게 바람을 전할 때 쓰는 표현이에요. I want to(~하고 싶어)보다 훨씬 더 공손하고 세련된 뉘앙스를 담고 있죠. 식당에서 주문할 때, 누군가에게 부탁할 때, 혹은 공식적인 자리에서 의사를 표현할 때도 무척 유용해요. 그래서 일상 대화뿐 아니라 비즈니스 상황에서도 자주 쓰이는 만능 회화 패턴이랍니다.

Let's Write!
영상을 시청하고, 문장을 완성해 보세요.

I'd like to _____.
다시 하고 싶어.

I'd like to _____.
그 콘서트에 가고 싶어요.

I'd like to _____.
바깥에 앉고 싶어요.

I'd like to _____.
아이스크림 좀 먹고 싶어.

I'd like to _____.
새로운 언어를 배우고 싶어요.

I'd like to _____.
예약을 하고 싶어요.

I'd like to _____.
몇 가지 질문드리고 싶어요.

Let's Speak!
네이티브처럼 반복해서 말해 보세요.

 I'd like to **do that again**.
다시 하다

 I'd like to **go to the concert**.
콘서트에 가다

 I'd like to **sit outside**.
바깥에 앉다

 I'd like to **get some ice cream**.
아이스크림을 먹다

 I'd like to **learn a new language**.
새로운 언어를 배우다

 I'd like to **make an appointment**.
예약하다

 I'd like to **ask you a few questions**.
너에게 몇 가지 질문을 하다

Let's Practice!
다음 문장을 작문해 보세요.

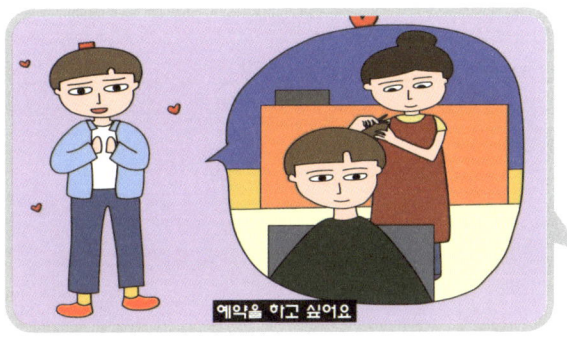

예약을 하고 싶어요.

_____

Let's Practice!
다음 질문에 맞는 정답을 고르세요.

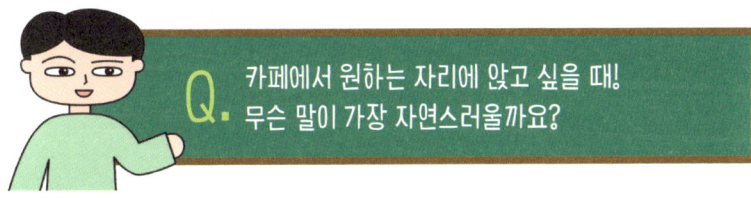

A It takes time to sit outside.

B I'm used to sit outside.

C I'd like to sit outside.

정답 I'd like to make an appointment. | **C**

PATTERN 40 **오늘의 말하기 패턴** 만화로 배우는 패턴 영어

What a
정말 ~다!

40. What a 패턴

잉툰's tip!

What a는 "정말 ~다!"라는 뜻으로, 감탄이나 놀라움을 강하게 표현할 때 쓰는 말이에요. 예상치 못한 상황이나 인상적인 장면을 마주했을 때, 원어민들의 입에서는 이 패턴이 자연스럽게 튀어나온답니다. 놀라움, 기쁨, 실망 등 어떤 감정이든 강조할 때 잘 어울려요. 그래서 대화에 생동감을 주고 감정을 생생하게 전달할 수 있는 표현이에요.

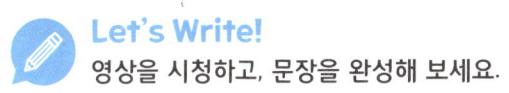

Let's Write!
영상을 시청하고, 문장을 완성해 보세요.

What a _____!
너무 꽉 막혔어!

What a _____!
정말 안됐다!

What a _____!
정말 좋은 날이야!

What a _____!
완전 바가지네!

What a _____!
인생이란 참!

What a _____!
정말 아름다운 일출이야!

What a _____!
정말 멋진 결혼식이야!

Let's Speak!
네이티브처럼 반복해서 말해 보세요.

What a square!
꽉 막힌 사람

What a pity!
안됐다

What a good day!
좋은 날

What a rip-off!
바가지 요금

What a life!
인생

What a beautiful sunrise!
아름다운 일출

What a wonderful wedding!
멋진 결혼식

 **Let's Practice!**
다음 문장을 작문해 보세요.

✓ Check!

□ □
P1 P2

정말 안됐다!

_____

 Let's Practice!
다음 질문에 맞는 정답을 고르세요.

Q. 바가지 요금을 내고 나온 상황!
무슨 말이 가장 자연스러울까요?

ⓐ What a rip-off!

ⓑ I didn't expect rip-off!

ⓒ It looks like rip-off!

정답 What a pity! | ⓐ

만화로 배우는 패턴 영어

PATTERN 41 - 50

- ㊶ Let me have
- ㊷ Don't forget to
- ㊸ I didn't expect
- ㊹ What do you think of
- ㊺ I thought you were
- ㊻ I need some
- ㊼ I think we should
- ㊽ Thanks for
- ㊾ I wish I were
- ㊿ Can I get you

Can Do!

부탁하거나 제안할 때, 고마움이나 아쉬운 마음을 전할 때 쓸 수 있는 패턴 표현들이에요. 예상 밖의 상황을 말하거나 상대의 의견을 물을 때도 활용할 수 있어요.

Learning English Patterns Through Comics

PATTERN 41 - 50

 전체 듣기

PATTERN 41 **오늘의 말하기 패턴**

만화로 배우는 패턴 영어

Let me have
~를 줘 / ~해 줘

41. Let me have 패턴

잉툰's tip!

Let me have는 우리말로 "~를 줘", "~해 줘"라는 의미로, 상대방에게 정중하게 무언가를 부탁하거나 허락을 구할 때 쓰는 표현이에요. 물건이나 음식 등 눈에 보이는 사물뿐만 아니라, 경험이나 기회 같은 눈에 보이지 않는 것을 요청할 때도 자연스럽게 활용된답니다. 직접적인 요청 표현인 Give me(내게 줘)보다 훨씬 공손하고 부드러운 뉘앙스예요.

Let's Write!
영상을 시청하고, 문장을 완성해 보세요.

Let me have _____.
내가 한번 해 볼게.

Let me have _____.
커피 한 잔 더 줘.

Let me have _____.
내가 계산할게.

Let me have _____.
집 구경 좀 시켜 주세요.

Let me have _____.
나를 도와줘.

Let me have _____.
금요일까지 내게 보고서를 제출해 주세요.

Let me have _____.
한 번만 더 기회를 줘.

Let's Speak!
네이티브처럼 반복해서 말해 보세요.

Let me have **a try**.
시도

Let me have **another coffee**.
커피 한 잔 더

Let me have **the check**.
계산서

Let me have **a look around your house**.
너의 집을 구경하다

Let me have **your hand**.
너의 손

Let me have **your report by Friday**.
금요일까지 너의 보고서

Let me have **a second chance**.
두 번째 기회

 **Let's Practice!**
다음 문장을 작문해 보세요.

내가 계산할게.

 _____

 Let's Practice!
다음 질문에 맞는 정답을 고르세요.

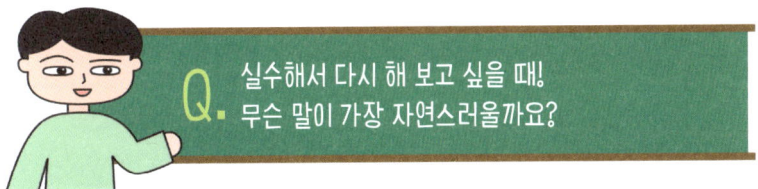

Q. 실수해서 다시 해 보고 싶을 때!
무슨 말이 가장 자연스러울까요?

A It's important to a second chance.

B I'm getting a second chance.

C Let me have a second chance.

정답 Let me have the check. | **C**

PATTERN 42 오늘의 말하기 패턴

만화로 배우는 패턴 영어

Don't forget to
~하는 거 잊지 마

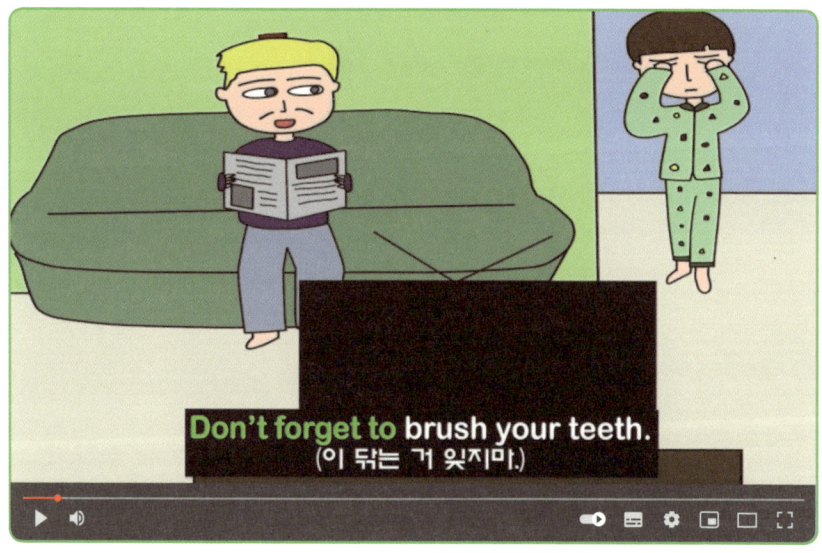

42. Don't forget to 패턴

잉툰's tip!

Don't forget to는 "~하는 거 잊지 마"라는 뜻으로, 상대방에게 꼭 해야 할 일을 상기시킬 때 유용한 표현이에요. 단순히 명령하는 말투가 아니라, 따뜻하게 챙겨주는 느낌을 전달할 수도 있죠. 약속, 할 일, 작은 습관까지 다양한 일상 속 상황에서 활용 가능한 패턴이에요. Don't forget to~ 패턴으로 상대에게 당부의 말을 건네 볼까요?

Let's Write!
영상을 시청하고, 문장을 완성해 보세요.

Don't forget to _____.
이 닦는 거 잊지 마.

Don't forget to _____.
문 잠그는 거 잊지 마.

Don't forget to _____.
잊지 말고 꼭 고맙다고 인사해.

Don't forget to _____.
쓰레기 내놓는 거 잊지 마.

Don't forget to _____.
그 서류 가져오는 거 잊지 마.

Don't forget to _____.
로그아웃하는 거 잊지 마.

Don't forget to _____.
안전벨트 매는 거 잊지 마.

Let's Speak!
네이티브처럼 반복해서 말해 보세요.

Don't forget to **brush your teeth**.
너의 이를 닦다

Don't forget to **lock the door**.
문 잠그다

Don't forget to **say thank you**.
고맙다고 말하다

Don't forget to **take out the garbage**.
쓰레기를 내놓다

Don't forget to **bring the document**.
서류를 가져오다

Don't forget to **log out**.
로그아웃하다

Don't forget to **buckle up**.
안전벨트를 매다

 **Let's Practice!**
다음 문장을 작문해 보세요.

안전벨트 매는 거 잊지 마.

 _____

 **Let's Practice!**
다음 질문에 맞는 정답을 고르세요.

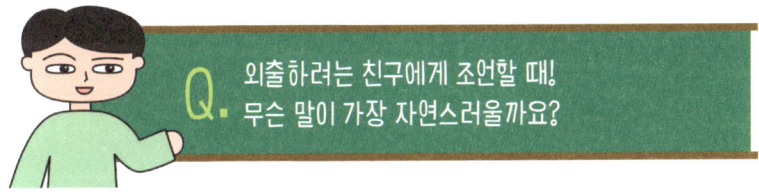

Ⓐ You'd better lock the door.

Ⓑ Don't forget to lock the door.

Ⓒ Let me have the lock the door.

정답 Don't forget to buckle up. | Ⓑ

PATTERN 43 오늘의 말하기 패턴

만화로 배우는 패턴 영어

I didn't expect
~하리라고는 예상 못했어

I didn't expect you back so soon.
(네가 그렇게 일찍 돌아올 줄 몰랐어.)

43. I didn't expect 패턴

잉툰's tip!

I didn't expect는 "~하리라고는 예상 못했어"라는 뜻으로, 예상 밖의 상황이나 놀라운 일을 표현하는 상황과 잘 어울려요. 말투에 따라 감탄, 실망, 칭찬이 모두 될 수 있는 아주 유용한 표현이죠. 뒤에는 명사, to부정사, that절 함께 따라오니 말하기 연습에 참고해 주세요.

 **Let's Write!**
영상을 시청하고, 문장을 완성해 보세요.

I didn't expect _____.
그녀가 나에게 데이트 신청을 하리라고는 예상 못했어.

I didn't expect _____.
내가 다칠 거라고는 예상 못했어.

I didn't expect _____.
내가 사랑에 빠질 거라고는 예상 못했어.

I didn't expect _____.
나는 그가 유명한 배우가 될 거라곤 예상하지 못했어.

I didn't expect _____.
네가 그렇게 일찍 돌아올 줄 몰랐어.

I didn't expect _____.
내가 메달을 딸 거라고는 예상하지 못했어.

I didn't expect _____.
내가 해고당하리라고는 예상하지 못했어.

 **Let's Speak!**
네이티브처럼 반복해서 말해 보세요.

 I didn't expect **her to ask me out**.
그녀가 데이트 신청하다

 I didn't expect **to get hurt**.
다치다

 I didn't expect **to fall in love**.
사랑에 빠지다

 I didn't expect **him to become a famous actor**.
그가 유명한 배우가 되는 것

 I didn't expect **you back so soon**.
네가 빨리 돌아오다

 I didn't expect **to earn a medal**.
메달을 따다

 I didn't expect **to get fired**.
해고당하다

Let's Practice!
다음 문장을 작문해 보세요.

내가 다칠 거라고는 예상 못했어.

 _____

Let's Practice!
다음 질문에 맞는 정답을 고르세요.

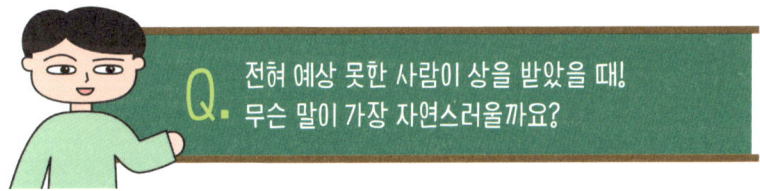

ⓐ I didn't expect to earn a medal.

ⓑ It's hard to earn a medal.

ⓒ I was told to earn a medal.

정답 I didn't expect to get hurt. | ⓐ

PATTERN 44 오늘의 말하기 패턴

What do you think of
~어떻게 생각해?

44. What do you think of 패턴

's tip!

What do you think of는 "~어떻게 생각해?"라는 뜻으로, 원어민들은 주로 상대방의 의견이나 감정을 물어볼 때 사용해요. 좋고 나쁨을 물을 때도, 구체적인 아이디어나 계획에 대한 생각을 물을 때도 활용할 수 있어요. 객관적인 사실을 묻는다기 보다는, 주관적인 생각이나 느낌을 묻는 듯한 뉘앙스가 강하답니다.

Let's Write!
영상을 시청하고, 문장을 완성해 보세요.

What do you think of _____?
이 셔츠 어때?

What do you think of _____?
내 새 헤어스타일 어때?

What do you think of _____?
지금까지의 그 프로에 대해 어떻게 생각하세요?

What do you think of _____?
새로 온 상사에 대해 어떻게 생각하세요?

What do you think of _____?
이 지원자 어떻게 생각해요?

What do you think of _____?
그의 노래를 어떻게 생각해?

What do you think of _____?
한국 사람에 대해 어떻게 생각하세요?

Let's Speak!
네이티브처럼 반복해서 말해 보세요.

 What do you think of **this shirt**?
이 셔츠

 What do you think of **my new haircut**?
나의 새 헤어스타일

 What do you think of **the show so far**?
지금까지의 쇼

 What do you think of **our new boss**?
우리의 새 상사

 What do you think of **this applicant**?
이 지원자

 What do you think of **his singing**?
그의 노래

 What do you think of **Korean people**?
한국 사람들

Let's Practice!
다음 문장을 작문해 보세요.

그의 노래를 어떻게 생각해?

_____

Let's Practice!
다음 질문에 맞는 정답을 고르세요.

Q. 친구에게 옷에 대해 의견을 물어볼 때!
무슨 말이 가장 자연스러울까요?

Ⓐ What do you think of this shirt?

Ⓑ Is it too this shirt?

Ⓒ Where did you get this shirt?

정답 What do you think of his singing? | Ⓐ

PATTERN 45 오늘의 말하기 패턴

만화로 배우는 패턴 영어

I thought you were
네가 ~인 줄 알았어

45. I thought you were 패턴

잉툰's tip!

I thought you were은 "네가 ~인 줄 알았어"라는 의미로, 상대방에 대해 가졌던 생각이나 기대가 실제와 달랐음을 나타낼 때 쓰는 말이에요. 흔히 오해나 착각을 설명하거나, 예상과 다른 상황에 놀랐을 때 사용되지요. 이 패턴 뒤에는 주로 상태, 역할, 행동을 나타내는 표현들이 따라온답니다.

Let's Write!
영상을 시청하고, 문장을 완성해 보세요.

I thought you were _____.
네가 다이어트 중인 줄 알았어.

I thought you were _____.
네가 다른 사람인 줄 알았어.

I thought you were _____.
네가 바쁜 줄 알았어.

I thought you were _____.
네가 아픈 줄 알았어.

I thought you were _____.
난 네가 화난 줄 알았어.

I thought you were _____.
난 네가 거절할 줄 알았어.

I thought you were _____.
난 네가 유령인 줄 알았어.

Let's Speak!
네이티브처럼 반복해서 말해 보세요.

 I thought you were **on a diet**.
다이어트 중인

 I thought you were **someone else**.
다른 사람

 I thought you were **busy**.
바쁜

 I thought you were **sick**.
아픈

 I thought you were **angry about something**.
무언가에 대해 화난

 I thought you were **going to refuse**.
거절하려고

 I thought you were **a ghost**.
유령

Let's Practice!
다음 문장을 작문해 보세요.

네가 다른 사람인 줄 알았어.

　_____

Let's Practice!
다음 질문에 맞는 정답을 고르세요.

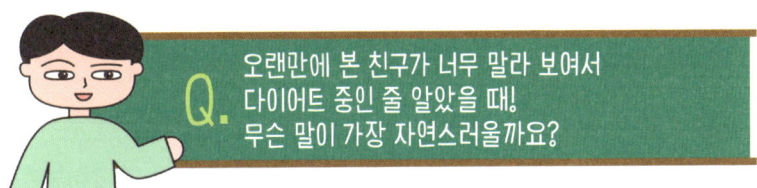

ⓐ I'm getting on a diet.

ⓑ I thought you were on a diet.

ⓒ You deserve on a diet.

정답 I thought you were someone else. | ⓑ

PATTERN 46 오늘의 말하기 패턴

만화로 배우는 패턴 영어

I need some
~가 필요해 / ~해야겠어

I need some more days to finish.
(끝내려면 며칠 더 필요해요.)

46. I need some 패턴

잉툰's tip!

I need some은 "~가 필요해 / ~해야겠어"라는 의미예요. 물건, 도움, 시간 등 구체적으로 필요한 것을 말할 때 쓰는 기본적인 표현이랍니다. 뒤에는 보통 셀 수 있는 복수 명사나 셀 수 없는 명사가 오는데, 양이 많지는 않지만 어느 정도 필요하다는 뉘앙스를 줘요. 지금 당장 필요한 것을 I need some~으로 표현해 보세요.

Let's Write!
영상을 시청하고, 문장을 완성해 보세요.

I need some _____.
신발을 새로 사야겠어.

I need some _____.
나는 쉴 시간이 좀 필요해.

I need some _____.
감기약을 좀 먹어야겠어.

I need some _____.
끝내려면 며칠 더 필요해요.

I need some _____.
판매기에 넣을 잔돈이 필요해요.

I need some _____.
이 상자 치우는 데 도움이 좀 필요해요.

I need some _____.
복사를 좀 해야 돼.

Let's Speak!
네이티브처럼 반복해서 말해 보세요.

I need some **new shoes**.
새 신발

I need some **time off**.
휴식 시간

I need some **cold medicine**.
감기약

I need some **more days to finish**.
마무리할 더 많은 날들

I need some **change for the machine**.
판매기에 넣을 잔돈

I need some **help putting these boxes away**.
이 상자들을 치우는 것을 돕는 것

I need some **photocopies**.
복사

Let's Practice!
다음 문장을 작문해 보세요.

판매기에 넣을 잔돈이 필요해요.

 _____

Let's Practice!
다음 질문에 맞는 정답을 고르세요.

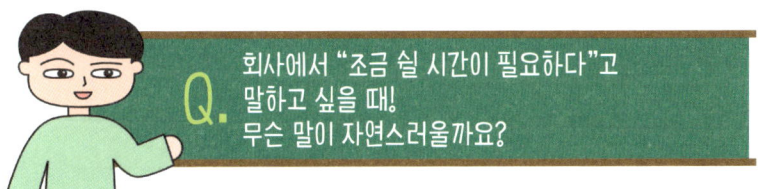

Ⓐ I'm on time off.

Ⓑ It was too late to time off.

Ⓒ I need some time off.

정답 | I need some change for the machine. | Ⓒ

PATTERN 47 오늘의 말하기 패턴

I think we should
우리 ~해야 할 것 같아

47. I think we should 패턴

I think we should는 "우리 ~해야 할 것 같아"라는 뜻으로, 함께 행동할 것을 제안하거나 의견을 말할 때 어울리는 표현이에요. 강하게 주장하기보다는, 부드럽게 의견을 내는 뉘앙스를 담고 있죠. Should(~해야 한다)가 들어가서 강한 의무처럼 보일 수 있지만, '그게 더 낫다'라는 권고나 조언의 느낌이 있어요. 또한 we(우리)가 있기 때문에 협력적인 분위기를 만들고자 할 때 유용하답니다.

Let's Write!
영상을 시청하고, 문장을 완성해 보세요.

I think we should _____.
우리 좀 쉬는 게 좋을 것 같아.

I think we should _____.
차를 빌리는 게 좋을 것 같아.

I think we should _____.
우리가 서로 타협해야 한다 생각해.

I think we should _____.
내 생각엔 기차로 가야할 것 같아.

I think we should _____.
얼마 동안 떨어져 있는 게 좋을 것 같아요.

I think we should _____.
아무래도 다른 곳으로 이사를 해야 할 것 같아.

I think we should _____.
난 그녀를 채용하는 게 좋을 것 같아.

PATTERN 41 ~ 50 **207**

Let's Speak!
네이티브처럼 반복해서 말해 보세요.

I think we should **take a break**.
쉬다

I think we should **rent a car**.
차를 빌리다

I think we should **meet halfway**.
타협하다

I think we should **take the train**.
기차를 타다

I think we should **spend some time apart**.
잠시 떨어져 지내다

I think we should **move to a new place**.
새로운 곳으로 이사하다

I think we should **hire her**.
그녀를 채용하다

Let's Practice!
다음 문장을 작문해 보세요.

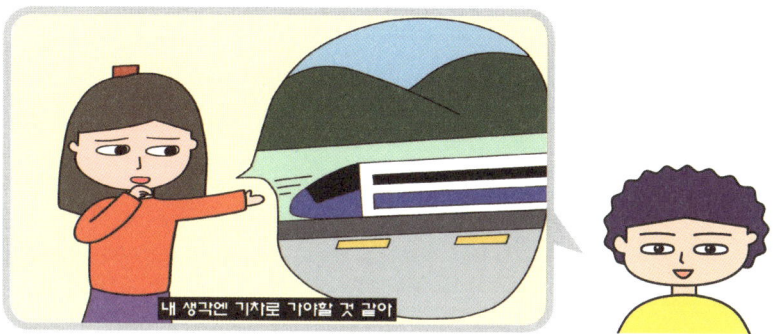

내 생각엔 기차로 가야할 것 같아.

Let's Practice!
다음 질문에 맞는 정답을 고르세요.

> Q. 오랜 시간 일한 후 팀원들에게 쉬자고 말할 때!
> 무슨 말이 자연스러울까요?

Ⓐ It's important to take a break.

Ⓑ I'm ready to take a break.

Ⓒ I think we should take a break.

정답 I think we should take the train. | Ⓒ

PATTERN 만화로 배우는 패턴 영어

48 오늘의 말하기 패턴

Thanks for
~해 줘서 고마워

48. Thanks for 패턴

잉툰's tip!

Thanks for은 "~해 줘서 고마워"라는 뜻으로, 특정 행동이나 도움, 선물, 상황에 대해 감사를 표현할 때 쓰는 감사 인사 패턴이에요. 보통 뒤에는 명사나 동명사(-ing)가 와서 감사의 구체적인 이유를 나타내요. 일상 대화에서 친근하게 쓰는 표현이고, thank you for~이라고 하면 좀 더 격식 있는 느낌을 전달할 수 있답니다.

Let's Write!
영상을 시청하고, 문장을 완성해 보세요.

Thanks for _____.
와 줘서 고마워.

Thanks fo _____.
제 고민 귀 기울여 주셔서 고맙습니다.

Thanks for _____.
태워다 줘서 고마워.

Thanks for _____.
알려 줘서 고마워요

Thanks for _____.
저한테 이렇게 잘해 주셔서 감사합니다.

Thanks fo _____.
항상 좋은 친구가 되어 줘서 고마워.

Thanks for _____.
우리 마중 나와 줘서 고마워.

Let's Speak!
네이티브처럼 반복해서 말해 보세요.

Thanks for **coming**.
와 주다

Thanks for **listening to my woes**.
나의 고민을 들어 주다

Thanks for **the ride**.
태워 주다

Thanks for **letting me know**.
나에게 알려 주다

Thanks for **treating me so well**.
잘 대해 주다

Thanks for **always being a good friend**.
늘 좋은 친구가 되어 주다

Thanks for **coming out to get us**.
우리를 마중 나오다

Let's Practice!
다음 문장을 작문해 보세요.

알려 줘서 고마워요.

 _____

Let's Practice!
다음 질문에 맞는 정답을 고르세요.

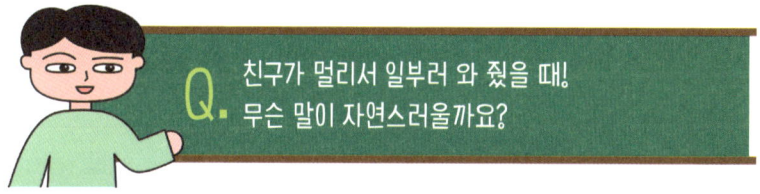

Ⓐ I didn't expect coming.

Ⓑ Thanks for coming.

Ⓒ It's hard to coming.

정답 Thanks for letting me know. | Ⓑ

PATTERN 49 오늘의 말하기 패턴

만화로 배우는 패턴 영어

I wish I were
내가 ~면 좋을 텐데

49. I wish I were 패턴

잉툰's tip!

I wish I were은 "내가 ~면 좋을 텐데"라는 의미로, 현실과 다른 바람이나 상상 속의 상황을 표현할 때 쓰는 가정 패턴이랍니다. 이루어지기 어려운 소망이나 아쉬움을 담아 말할 때 잘 어울려요. 현실과의 간격 때문에 살짝 아련하거나 꿈꾸는 듯한 뉘앙스가 담겨 있기도 해요. I wish I were~로 마음 속 소원을 표현해 보세요.

Let's Write!
영상을 시청하고, 문장을 완성해 보세요.

I wish I were _____.
나도 너 같은 상황이었으면 좋겠어.

I wish I were _____.
나는 키가 더 컸으면 좋겠어.

I wish I were _____.
난 수줍음 좀 타지 않았으면 좋겠어.

I wish I were _____.
돈벼락 좀 맞아 봤으면 좋겠어.

I wish I were _____.
나도 그렇게 낙천적이었으면 좋겠어.

I wish I were _____.
내가 지금 런던에 있었으면 좋겠어.

I wish I were _____.
요리를 더 잘하면 좋을 텐데.

Let's Speak!
네이티브처럼 반복해서 말해 보세요.

I wish I were **in your shoes**.
네 입장

I wish I were **taller**.
더 키가 큰

I wish I were **not so shy**.
수줍지 않다

I wish I were **rolling in money**.
돈벼락 맞다

I wish I were **that optimistic**.
낙천적인

I wish I were **in London now**.
지금 런던에 있다

I wish I were **a better cook**.
요리를 더 잘하다

 **Let's Practice!**
다음 문장을 작문해 보세요.

나도 그렇게 낙천적이었으면 좋겠어.

 _____

 **Let's Practice!**
다음 질문에 맞는 정답을 고르세요.

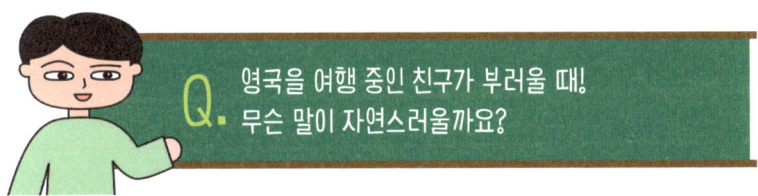

Ⓐ I wish I were in London now.

Ⓑ I'm getting in London now.

Ⓒ It looks like in London now.

정답 | I wish I were that optimistic. | Ⓐ

PATTERN 만화로 배우는 패턴 영어

50 오늘의 말하기 패턴

Can I get you
~좀 가져다 줄까?

50. Can I get you 패턴

잉툰's tip!

Can I get you는 "~좀 가져다 줄까?"라는 뜻으로, 상대에게 필요한 것을 정중하게 묻거나 제공할 때 쓰는 표현이에요. 특히 음식, 음료, 필요한 물건 등을 챙겨줄 때 자연스럽게 활용되죠. 친절하고 배려 있는 뉘앙스를 담고 있어서 따뜻한 인상을 줄 수 있답니다.

Let's Write!
영상을 시청하고, 문장을 완성해 보세요.

Can I get you _____?
물 좀 가져다 줄까?

Can I get you _____?
커피 좀 더 가져다 줄까?

Can I get you _____?
네 폰 가져다 줄까?

Can I get you _____?
약 가져다 줄까?

Can I get you _____?
책 5권 가져다 줄까?

Can I get you _____?
읽을 것 좀 가져다 줄까?

Can I get you _____?
마실 것 좀 가져다 드릴까요?

Let's Speak!
네이티브처럼 반복해서 말해 보세요.

 Can I get you **some water**?
　　　　　　　　　　　　물 조금

 Can I get you **more coffee**?
　　　　　　　　　　　　더 많은 커피

 Can I get you **the phone**?
　　　　　　　　　　　　전화기

 Can I get you **the medicine**?
　　　　　　　　　　　　약

 Can I get you **five books**?
　　　　　　　　　　　　책 다섯 권

 Can I get you **something to read**?
　　　　　　　　　　　　읽을 것

 Can I get you **something to drink**?
　　　　　　　　　　　　마실 것

Let's Practice!
다음 문장을 작문해 보세요.

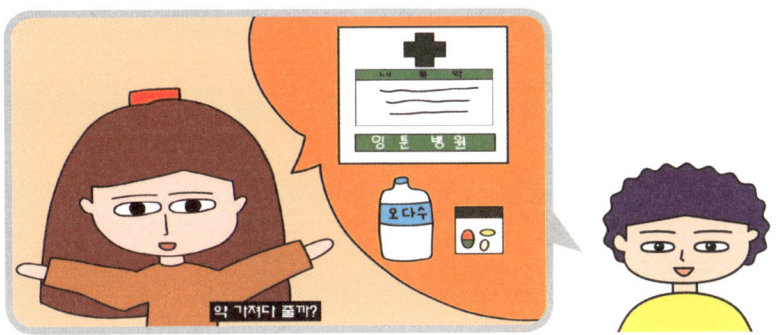

약 가져다 줄까?

_____

Let's Practice!
다음 질문에 맞는 정답을 고르세요.

집에 놀러 온 손님에게 정중하게 묻고 싶을 때! 무슨 말이 가장 자연스러울까요?

Ⓐ I'm about to something to drink?

Ⓑ Can I get you something to drink?

Ⓒ Is there any something to drink?

정답 Can I get you the medicine? | Ⓑ

만화로 배우는 패턴 영어 총정리

패턴

지금까지 학습한 말하기 패턴 50개를 모두 모아 놓았습니다. 다시 한번 살펴보면서 기억나는 것은 박스(□)에 체크하고, 기억나지 않는 것들은 다시 해당 페이지로 가서 복습해 보세요.

☐ Be about to	막 ~하려던 참이야	p. 014
☐ I can't possibly	도저히 ~못 할 것 같아	p. 018
☐ I might just	그냥 ~할까 봐	p. 022
☐ Feel free to	편하게 ~하세요	p. 026
☐ You deserve	넌 ~할 자격이 있어	p. 030
☐ You have a good sense of	~감각이 좋네	p. 034
☐ I was told to	~하라고 들었어	p. 038
☐ It takes time to	~하는 데에 시간이 걸려	p. 042
☐ It's not that	그렇게 ~하진 않아	p. 046
☐ It looks like	~처럼 보여 / ~인 것 같아	p. 050
☐ I'm into	나 ~에 빠졌어	p. 056
☐ I'm used to	~에 익숙해	p. 060
☐ I know how to	나 ~하는 방법을 알아	p. 064
☐ It's important to	~하는 것은 중요해	p. 068
☐ I've seen	나 ~본 적 있어	p. 072
☐ It was too late to	~하기엔 너무 늦었어	p. 076
☐ You'd better	~하는 게 나아 / ~하는 게 좋을 거야	p. 080
☐ It's hard to	~하기 어려워	p. 084
☐ I'm afraid	(유감스러워하며) ~할 것 같아	p. 088
☐ I'm too tired to	~하기엔 너무 피곤해	p. 092

☐ I'm on	나 ~중이야	p. 098
☐ I'm ready to	~할 준비가 되어 있어	p. 102
☐ I'm getting	점점 ~해지고 있어	p. 106
☐ It's time to	~할 시간이야	p. 110
☐ Let's go for	~하러 가자	p. 114
☐ Let's not	~하지 말자	p. 118
☐ Is it too	너무 ~한가?	p. 122
☐ I'm looking for	~를 찾고 있어요	p. 126
☐ Where did you get	~어디서 샀어?	p. 130
☐ You look	너 ~해 보여	p. 134
☐ I can't remember	~이 기억이 안 나	p. 140
☐ I'm calling to	~하려고 전화했어	p. 144
☐ Is/Are there any	(단수/복수) ~있어?	p. 148
☐ It tastes	맛이 ~해	p. 152
☐ I'm worried about	나는 ~이 걱정돼	p. 156
☐ I'm not good at	난 ~를 잘 못해	p. 160
☐ This is one of	이건 ~중 하나야	p. 164
☐ You were supposed to	~하기로 했잖아 / ~했어야 했어	p. 168
☐ I'd like to	~하고 싶어	p. 172
☐ What a	정말 ~다!	p. 176
☐ Let me have	~를 줘 / ~해 줘	p. 182
☐ Don't forget to	~하는 거 잊지 마	p. 186
☐ I didn't expect	~하리라고는 예상 못했어	p. 190
☐ What do you think of	~어떻게 생각해?	p. 194
☐ I thought you were	네가 ~인 줄 알았어	p. 198

☐ I need some	~가 필요해 / ~해야겠어	p. 202
☐ I think we should	우리 ~해야 할 것 같아	p. 206
☐ Thanks for	~해 줘서 고마워	p. 210
☐ I wish I were	내가 ~면 좋을텐데	p. 214
☐ Can I get you	~좀 가져다 줄까?	p. 218

만화로 배우는 패턴 영어 총정리

단어 & 표현

예문에 등장했던 중요 어휘들을 모아 놓았습니다. 다시 한번 살펴보면서 기억나는 것은 박스(□)에 체크하고, 기억나지 않는 것들은 다시 해당 페이지로 가서 복습해 보세요.

- ☐ have lunch — 점심을 먹다 — p. 016
- ☐ sleep — 자다 — p. 016
- ☐ play the game — 게임하다 — p. 016
- ☐ leave — 떠나다 — p. 016
- ☐ go shopping — 쇼핑을 가다 — p. 016
- ☐ watch a movie — 영화를 보다 — p. 016
- ☐ go to school — 학교에 가다 — p. 016
- ☐ deadline — 기한, 마감일 — p. 020
- ☐ day off — 쉬는 날, 휴가 — p. 020
- ☐ take a nap — 낮잠 자다 — p. 024
- ☐ contact — 연락하다 — p. 028
- ☐ at your convenience — 편하실 때 — p. 028
- ☐ facilities — 시설 — p. 028
- ☐ reach out — 연락하다 — p. 028
- ☐ take a seat — 자리에 앉다 — p. 028
- ☐ promotion — 승진, 홍보 — p. 032
- ☐ standing ovation — 기립 박수 — p. 032
- ☐ smell — 냄새, 냄새를 맡다 — p. 036
- ☐ direction — 방향 — p. 036
- ☐ style — 스타일 — p. 036

☐	judgement	판단	p. 036
☐	humor	유머	p. 036
☐	language	언어	p. 036
☐	early	일찍	p. 040
☐	book	예약하다, 책	p. 040
☐	smoke	담배 피우다, 연기	p. 040
☐	learn	배우다	p. 044
☐	figure out	이해하다, 알아내다	p. 044
☐	form	구성하다	p. 044
☐	grow	자라다	p. 044
☐	get used to	길들다, 익숙해지다	p. 044
☐	habits	습관	p. 044
☐	bad	나쁜	p. 048
☐	difficult	어려운	p. 048
☐	old	오래된, 나이 든	p. 048
☐	far	멀리	p. 048
☐	rain	비	p. 052
☐	flight	비행, 항공편	p. 052
☐	delay	지연, 연기하다	p. 052
☐	traffic	교통	p. 052
☐	a little	조금	p. 052
☐	mix-up	오해, 혼동, 착오	p. 052
☐	fall off	떨어지다	p. 052
☐	mystery	수수께끼, 미스터리, 신비	p. 058
☐	Korean food	한국 음식	p. 058

☐ noise	소음		p. 062
☐ spicy	매운		p. 062
☐ accent	억양, 발음		p. 062
☐ fix	고치다		p. 066
☐ drive	운전하다		p. 066
☐ cook	요리하다		p. 066
☐ keep	유지하다		p. 070
☐ practice	연습하다		p. 070
☐ remember	기억하다		p. 070
☐ forgive	용서하다		p. 070
☐ get up	일어나다		p. 070
☐ cry	울다		p. 074
☐ all	모두, 전부		p. 074
☐ get a refund	환불받다		p. 078
☐ work out	운동하다, (일이) 잘 풀리다		p. 078
☐ apologize	사과하다		p. 078
☐ text	문자를 보내다		p. 078
☐ take a rest	휴식을 취하다		p. 082
☐ subscribe	구독하다		p. 082
☐ channel	채널		p. 082
☐ regular meals	규칙적인 식사		p. 082
☐ late	늦은		p. 082
☐ too much	너무 많은		p. 082
☐ believe	믿다		p. 086
☐ fast	빠른		p. 086

☐ fully	완전히	p. 090
☐ wrong	잘못된	p. 090
☐ jog	조깅하다	p. 094
☐ dinner	저녁 식사	p. 094
☐ clean up	청소하다	p. 094
☐ go to work	출근하다	p. 094
☐ duty	근무	p. 100
☐ diet	다이어트, 식단	p. 100
☐ business trip	출장	p. 100
☐ vacation	휴가, 방학	p. 100
☐ order	주문하다	p. 104
☐ sing	노래하다	p. 104
☐ draw	(그림 등을) 그리다	p. 104
☐ fight	싸우다	p. 104
☐ go fishing	낚시를 가다	p. 104
☐ go hiking	등산을 가다	p. 104
☐ sick	아픈	p. 108
☐ fat	뚱뚱한	p. 108
☐ nervous	초조한, 긴장한	p. 108
☐ scary	무서운	p. 108
☐ forgetful	잘 잊는	p. 108
☐ better	더 나은	p. 108
☐ head home	집에 가다	p. 112
☐ face	직시하다, 직면하다	p. 112
☐ picnic	소풍	p. 116

☐ ride	(이동 수단에) 타다		p. 116
☐ subway	지하철		p. 120
☐ wait	기다리다		p. 120
☐ upset	화난, 속상한		p. 120
☐ cheat	속이다, 부정하다		p. 120
☐ quick	빠른		p. 120
☐ judge	판단하다, 판사, 심판		p. 120
☐ short	짧은		p. 124
☐ busy	바쁜		p. 124
☐ someone	누군가		p. 128
☐ gas station	주유소		p. 128
☐ parking lot	주차장		p. 128
☐ jacket	재킷		p. 132
☐ purse	지갑, 핸드백		p. 132
☐ overdressed	과하게 차려입은		p. 136
☐ pale	창백한		p. 136
☐ frumpy	후줄근한, 촌스러운, 칙칙한		p. 136
☐ frustrated	짜증난, 좌절한		p. 136
☐ blue	우울한		p. 136
☐ address	주소		p. 142
☐ information	정보		p. 146
☐ make a reservation	예약하다		p. 146
☐ available	이용 가능한		p. 150
☐ amazing	놀라운, 기가 막힌		p. 154
☐ salty	짠		p. 154

☐	bland	싱거운, 맛이 없는	p. 154
☐	sour	신	p. 154
☐	bitter	쓴	p. 154
☐	presentation	발표	p. 158
☐	health	건강	p. 158
☐	future	미래	p. 158
☐	express	(감정, 의견 등을) 나타내다, 표현하다	p. 162
☐	emotion	감정	p. 162
☐	favorite	가장 좋아하는	p. 166
☐	restaurant	식당	p. 166
☐	dining etiquettes	식사 예절	p. 166
☐	assignment	과제, 임무	p. 166
☐	noon	정오	p. 170
☐	walk the dog	개를 산책시키다	p. 170
☐	make an appointment	예약하다, 약속을 잡다	p. 174
☐	square	꽉 막힌, 고지식한	p. 178
☐	pity	안타까운, 연민	p. 178
☐	rip-off	바가지, 사기	p. 178
☐	sunrise	일출	p. 178
☐	wedding	결혼식	p. 178
☐	check	계산서, 청구서, 확인하다	p. 184
☐	report	보고서	p. 184
☐	brush teeth	이를 닦다	p. 188
☐	lock	(문을) 잠그다, 자물쇠	p. 188
☐	garbage	쓰레기	p. 188

☐	document	문서	p. 188
☐	buckle up	안전벨트를 매다	p. 188
☐	ask out	데이트 신청하다	p. 192
☐	fall in love	사랑에 빠지다	p. 192
☐	earn	(돈, 자격 등을) 벌다, 얻다, 따다	p. 192
☐	get fired	해고되다	p. 192
☐	so far	지금까지	p. 196
☐	applicant	지원자	p. 196
☐	refuse	거절하다	p. 200
☐	ghost	유령	p. 200
☐	medicine	약	p. 204
☐	change	잔돈, 거스름돈	p. 204
☐	machine	기계	p. 204
☐	photocopies	복사본	p. 204
☐	take a break	잠시 쉬다	p. 208
☐	rent a car	차를 빌리다	p. 208
☐	meet halfway	타협하다	p. 208
☐	spend	(돈을) 쓰다, (시간을) 보내다	p. 208
☐	hire	고용하다	p. 208
☐	woes	고민, 문제	p. 212
☐	treat	대접하다, 다루다	p. 212
☐	in one's shoes	~의 입장에서	p. 216
☐	shy	수줍은	p. 216
☐	rolling in money	돈벼락 맞다	p. 216
☐	optimistic	낙관적인	p. 216

MEMO

만화로 배우는 패턴 영어

초 판 발 행	2025년 11월 25일 (인쇄 2025년 9월 30일)
발 행 인	박영일
책 임 편 집	이해욱
저　　　자	잉튠TV 김도균
감　　　수	후루룩외국어연구소
기 획 편 집	이동준 · 신명숙
표지디자인	김지수
본문디자인	임아람 · 임창규
일 러 스 트	잉튠TV
발 행 처	시대에듀
공 급 처	(주)시대고시기획
출 판 등 록	제 10-1521호
주　　　소	서울시 마포구 큰우물로 75 [도화동 538 성지 B/D] 9F
전　　　화	1600-3600
팩　　　스	02-701-8823
홈 페 이 지	www.sdedu.co.kr

I S B N	979-11-434-0055-0 (13740)
정　　　가	17,000원

※ 이 책은 저작권법에 의해 보호를 받는 저작물이므로, 동영상 제작 및 무단전재와 복제, 상업적 이용을 금합니다.
※ 이 책의 전부 또는 일부 내용을 이용하려면 반드시 저작권자와 (주)시대고시기획 · 시대에듀의 동의를 받아야 합니다.
※ 잘못된 책은 구입하신 서점에서 바꾸어 드립니다.

'후루룩외국어'는 종합교육그룹 (주)시대고시기획 · 시대교육의 외국어 브랜드입니다.